はじめての沖縄

岸 政彦

新曜社

よりみちパン!セ

はじめての沖縄

はじめての沖縄　目次

序章

沖縄について考えることについて考える

私は社会学者で、おもに沖縄を研究している。特に戦後の沖縄の社会構造とアイデンティティの変化について調査している。しかし、もとから研究者として沖縄に関わっていたわけではない。私は若いころ、ただの「沖縄病」だった。内地（沖縄以外の都道府県。本土、大和、あるいは文脈によっては「日本」と呼ぶ）から沖縄を訪れた観光客が、その魅力にはまり、熱病に浮かされたように沖縄に恋い焦《こ》がれてしまう状態を指して、沖縄病という。一九六〇年代からある言葉らしい。私も、二十四、五歳のころ、はじめて沖縄を訪れ、そうなった。大阪に帰ってきても毎日沖縄のことを思い、沖縄の本を読み、沖縄の音楽を聴き、当時はまだ本土では珍しかった泡盛《あわもり》を探して、たまに見つけると必ず買って、家で飲んでいた。

そうとう気持ち悪い奴だったと思う。ただ、それはそうなる「理由」があった。そして、その理由について考え、調べているうちに、いつのまにかそれが専門となり、一生の仕事にまでなった。それについて考えることは、自分を沖縄から「引き剥《は》がす」ことだった。長い時間をかけて努力して、ようやく沖縄から（ある程度は）距離を取れるようになったのだが、気がつくとそれが自分の本職になっていた。

観光客として沖縄に出会ってから二十五年以上、社会学者として研究テーマにしてから二十年ほどが経つ。そのあいだに、たいしたものではないが、沖縄についての、あるいは社会調査と社会学についての本や論文をいくつか書いてきた。あるいはもっと、人生そのものについての本も書いた。これからもそういうことがらについての本や文章を書いていくつもりだが、そろそろ沖縄について、あるいは沖縄について考えることについて、もう少し自由に書きたいと思うようになった。そして、この「よりみちパン！セ」のシリーズで書かないかというオファーをいただいた。私自身若いころとても好きだったこのシリーズの一冊として、あらためて沖縄について考えて書くこと、あるいは沖縄について考えることについて考えて書くことは、ふさわしいテーマだと思った。

だからこの本は、『はじめての沖縄』というタイトルが付けられている。私自身がはじめて沖縄と出会って、沖縄病になって、自分勝手な沖縄イメージを沖縄に対して当てはめてしまっていたときのことが、本書の思考の出発点となっているのである。このタイトルから連想されるのはおそらく、はじめて沖縄に行くひとに知っておいてほしいような、沖縄についての基本的な事実やデータ、歴史や文化を並べた解説本だろう。しかし、この本を読んでも、沖縄についてたくさんの事実を勉強できるわけでもないし、それに詳しくなるわけでもない。これは沖縄についての解説本ではない。中立に、客観的に書かれている本ではないのだ。そういう、時事問題や歴史的事件などについての解説は、ほかに良い本がたくさんある。もし、本書を読んでわからない言葉が出てきたら（特に説明せずに固有名詞や歴史的用語などを使っている）、どうかそういう本にあたって、ご自身で調べてみてほしい。

ここではただ、はじめて沖縄に出会ったときにさかのぼって、沖縄について、個人的な体験から個人的に考えたことを書いてみたいのである。

内容もバラバラで、断片的な、欠片《かけら》のような文章が並んでいるだけの本だが、それでも私なりに、沖縄についてずっと書きたかったことを書いた。

沖縄は、時事問題や歴史の解説でなくても、「それについて考えたこと」を書くだけでも一冊の本になるような、そういう場所だ。それはまったく、ほんとうに、日本のなかの独特の、特別な場所なのだ。

たとえば、沖縄について何か文章を書くときに、その文章の「人称」をどうするか、そこに誰が含まれるか、という、「書く」ことにあたってのもっとも基礎的な部分でさえ、考えられるべきことがたくさんある。

私は普段、「私」という一人称を使って文章を書いている。しかしこの本では、「私たち」という言葉がしばしば使われることになると思う。

私、というのは、いまこの文を書いているこの私だ。あなた、というのは、いまこの文を読んでいるあなただ。とてもわかりやすいし、はっきりしている。しかし、私たちという言葉には、私以外のたくさんの人々が含まれてしまっている。誰がこの言葉に含まれているのか。まずこのことからはっきりさせておかないと、この本は書くことができない。

沖縄には、「ナイチャー」という言葉がある。「ヤマトンチュ」という同じ意味の言葉もあるが、あまりふだん耳にしたことがない。日常会話ではナイチャーという言葉のほうがよく使われるような気がする。どちらも同じ意味で、「内地のひと」「大和のひと」という意味だ。要するに、「沖縄以外の都道府県のひと」である。

こういう言い方は、北海道には少しあると聞いたが、これほど強い言葉として日常会話のなかに残っているのは、やはり沖縄だ。他の都道府県には、まず存在しない。たとえば、静岡県の人びとが、日本という国を「静岡県とそれ以外」のふたつに分けて、それぞれを別の言葉で表現するということは、かなり考えにくい。どうしてかというと、静岡県は日本のなかで孤立した存在ではないからだ。それは独自の存在ではあるが、「それと、それ以外ぜんぶ」を二つに分けてしまうほど、他のものと対立しているわけではない。だから、静岡県でもどこでも、日本を「静岡県とそれ以外全部」に分けて表現する言葉は存在しない。

しかしこの言葉が、沖縄にはある。ナイチャー、あるいはヤマトンチュという言葉があるのだ。広く行き渡って定着した言葉には、かならず理由や必然性がある。沖縄には、ナイチャーという言葉がつくられ、拡散し、日常的な語彙《ごい》になる、歴史的な根拠があるのだ。

私がこの本のなかで「私たち」という言葉を使うときは、「ナイチャー」という意味を込めている。私たちナイチャーは、私たちナイチャーにとって、私たちナイチャーの。私たちは、ナイチャーだ。本書の読者として、ナイチャーだけを想定しているわけではない。むしろ、沖縄の人びとにこそ読んでほしい。でも、ここで筆者である私が「私たち」というときには、それはほとんどがナイチャーだけを含んで使っている。

もちろん、日本社会で暮らすすべての市民が、ウチナンチュとナイチャーに区分されるわけではない。父親がウチナンチュで母親がナイチャー、という場合もあるだろうし、東京に住んでもう四十年になるウチナンチュ、あるいは東京や大阪で生まれ育って、沖縄のことをほとんど知らないウチナンチュ二世や三世、あるいは沖縄に移住して何十年もそこで暮らし、沖縄社会の立派な一員になっているナイチャー、あるいはそもそも外国生まれの人びとや、外国にルーツの一部がある人びともたくさんいる。沖縄にも内地にも、いろいろな人がいて、この二つのカテゴリーの、どちらか一方に必ず入る、というわけではない。

そういう私も、もう二十五年以上も沖縄に通い続け、ここ十年ほどは、一年のうち延べにして一か月以上は沖縄に滞在している。そうすると、沖縄という場所は、いまでは自宅のある大阪と地続きの場所のように思えてきている。それはすでに自分の人生の、大きな一部になっているのだ。だから、私は内地で生まれて、沖縄ではよそ者なのだが、沖縄は私にとって完全に「他人ごと」ではない。それはすでに確かに、私の人生の一部になっているのである。

しかし、それでもなお、ウチナンチュとナイチャーという区別は、理由があり、根拠があり、必然性がある。なぜかというと、それは、沖縄の人びとが内地を区別しているのではなく、沖縄という地域が、日本という国の中で、区別されているからである。あるいは、「差別」と言ってもよい。

このナイチャーという言葉は、沖縄ではほんとうに日常的に、よく使われるのだが、内地の人びとのことをちょっと「軽く」表現する使い方が多い。だから、この言葉を使わない沖縄の人もいる。内地の人びとを、すこし揶揄《やゆ》するような、皮肉るような、そういうニュアンスで使われることもある。だから、特に内地の人の目の前では、この言葉を使わないという人も多い。

しかし、ほとんどの場合は、それほど重い意味もなく、ただなんとなく自分たちと内地の人びとを区別する意味で使われている。喧嘩《けんか》などのときに「このくされナイチャーめ！」という独特の激しい罵《のの》り言葉が使われることがあるが、普段は沖縄の人びとも、それほど自分たちと内地の人びとを区別しない。そんなこといまどき、誰も気にしていない。しかし、それでもなお、この言葉は沖縄の社会に根付いていて、毎日のように使われている。やはり、そこには、沖縄の側からの、内地に対する区別がある。そしておそらくそれは、内地の側からの沖縄への差別の、裏返しであると思う。

だから、私は、ひとりの内地の、あるいは本土の人間として、この本のなかでは「私たち」という一人称を使いたいと思う。もちろん文脈によっては、それは私になったり私たちになったりするけれども、とにかくこの本のなかで私が私たちというとき、それは「私たち本土の人間は」という意味で使っている。そして、沖縄の人びとのことは、ウチナンチュやあるいはただ単に「沖縄の人びと」という言葉で表現している。

何度でも繰り返すが、日本社会に生きる市民が、きれいにこの二つに分かれるわけではない。しかしそれでもこの区別には、意味がある。

なぜ意味があるのかというと、それは、この二つの集団が、実際に区別されてきたからだ。確かに、ひとりひとりの沖縄の人びとはみな優しく、フレンドリーで、分け隔てなく接してくれる。さらに、沖縄でも内地でも、多くの人びとはそのルーツや人生において一様ではなく、はっきりと二つに分かれるわけではない。そうしたことをふまえた上でなお、沖縄の人びとと内地の人びとは、この一〇〇年というもの、異なる経験をしてきたのである。そういう意味で、この区別は、「実在」しているのである。

歴史的に言えば、私たち内地の、あるいは本土の、あるいはこういう言い方でよければ「日本の」側は、もともと別の国だった琉球を武力で併合《へいごう》し、「沖縄県」としてなかば強制的に日本という国家に編入し、天皇制を含む日本の国体（国の制度）を守るために捨て石のように扱って地上戦を招き、そのあと二十七年間にわたってアメリカに譲《ゆず》りわたし、大量の軍事基地を建設させて、アメリカによる占領後に日本に「復帰」したあとも、基地をそのまま残存させたのだ。私たちは、そういうことを沖縄にしてきた。この二つの人びと、二つの集団、二つの社会は、それぞれ、異なった道を歩んできたのである。

この二つの集団は、そういう関係にある。そして、その違いというのは、一方に本土の人びとが、他方に沖縄の人びとが、平等に、並列に並んで存在しているような意味での違いなのではない。それはあくまでも、どこまでも、非対称的な、不平等な、一方的な関係だ。

本土の、内地の人びとと、沖縄の人びととは、まずはそういう関係にある。だから、個人的にはいろいろな人びとがいて、その人生にもいろいろなことがある、ということを十分にわかった上でまずは、自分は内地の側にいて、そして沖縄の人びとは沖縄にいるのだ、ということから出発したい。

ここ何十年かの、社会学や哲学や、現代思想と呼ばれる領域では、どちらかといえば、人びとのあいだにあまり線をはっきりと引かないこと、そういう境界線を飛び越えたり、行ったり来たり、あるいは解体したり台無しにしてしまったりするような、個人の多様性や流動性や複雑性を強調することが多かったように思う。しかし私はあえて、ここではその境界線の「こちら側」にはっきりと立ち、境界線の向こう側を眺め、境界線とともに立ち、境界線について考えたいと思う。これは何十年も時代をさかのぼることでしかないかもしれない。でも、私は、少なくともこの二十五年ほど考えてきた沖縄と本土との関係については、まだまだ「カタ」をつけられていないと感じる。軽々と境界線を飛び越えるような多様な個人の人生を描くことの重要性を、誰よりも理解した上で、少なくとも自分だけはこの境界線のこちら側で踏みとどまり、いまだ歴史的に清算されたとはいいがたいこの分厚く高い壁について考えたいのだ。

だからこの本は、とても「めんどくさい」本になると思う。そんなこと考えなくてもいいのに、ということを考えて、それについて書く、という本になる。いまどき、個人のレベルでそんなに沖縄と本土とを区別するひとは、沖縄にさえそう多くはないことは知っているし、何よりも自分自身がそうした沖縄の人びとの優しさ、フレンドリーさ、分け隔てのなさに甘えて、普段の調査や研究、あるいは飲み会をしている。繰り返すが、私はここ十年ほど、一年のほぼ一か月ほどを沖縄で過ごしている。少なくとも私の人生の十二分の一は、沖縄にある。そこは私にとって、単なる調査や研究のための場所なのではない。

だからこそ、私はこの境界線を軽々しく飛び越えたくない。

もう少し、この壁というものについて考えてみたい。日本と（沖縄県は法的には日本の一部だが、ここではあえて日本という言葉を内地や本土という意味で使いたい）沖縄との関係は、一言でいえば、差別的な関係だ。私たちは沖縄を差別している。

差別とは何だろうか。ひとつの正解はないにしても、いろいろな答え方が可能だ。そのうちの、おそらくもっとも単純なものが、差別とは「一緒くたにすること」というものだ。

日本には被差別部落という地域があり、そこには多くの人びとが暮らしている。この「部落」に対する差別は、昔に比べたらずいぶんましになったが、それでもいまだに根強く残っている。この差別がもっとも強くはっきりと現われるのが、結婚という人生の局面においてだ（詳しくは、齋藤直子『結婚差別の社会学』勁草書房、二〇一七年、を参照してほしい）。恋人ができ、結婚しよう、というときになって、相手が部落出身であることがわかり、親や親戚から反対され、結婚できなくなってしまう。これが結婚差別と呼ばれるものだ。

あいての個人の、生き方や経済力、価値観などの個性や多様性を無視して、「部落だから」と一緒くたにして、息子や娘の結婚に反対する。

このとき、何が起きているのだろうか。これもものすごく簡単にいえば、こちら側とあちら側のあいだに恣意的《しいてき》な境界線を引いて区別し、そして向こう側の人間であれば無条件に排除《はいじょ》する、ということが生じているのだ。

差別とは、単純化していえば、こういうものだ。それは、ある人びとと別の人びととの間に境界線を引き、壁を築き、距離を置く。そうすることでこちら側とあちら側の区別をつくりだす。

だからここでは、境界線を引くこと、壁を築くことが、差別のもっとも本質的なおこないである。差別とは、まずもって線引きなのだ。

だから、もし差別をやめよう、差別を乗り越えよう、差別を解体しようと思ったら、線引きをやめよう、境界線を乗り越えよう、壁を解体しよう、ということになる。たとえばここで、社会学者や人類学者が出てきて、なにごとかを調査して、なにかを書くことになったとする。たいていのひとはどうするかというと、そういう線引きや境界線や壁によって区別されないような、そういうものを軽々と乗り越えるような人生や行為や出来事について描くことになるだろう。実際に、私のものも含めて、そういうテクストが数多く書かれている。

これだけ長い歴史的な関係があると、沖縄と本土の決して少なくない人びとが、実際に軽々と境界線を飛び越え（というか、そもそも、いまどきは東京沖縄往復で一万円を切るような格安航空券も存在しているのだ）、こちらのものがあちらに住み、あるいは逆にあちらからこちらに移り住んでいるし、内地で生まれた沖縄人、沖縄で生まれた本土人もたくさんいる。あるいはルーツが両方にあるという人びと、あるいはもっと、外国も含めて多様なルーツを持つような人びとがいて、たとえば出稼ぎや単身赴任《ふにん》などで長期間にわたって反対側で暮らし、あるいはどちらかに移り住んで一生をそこで暮らす、という人びと、反対側の人と出会って友だちになり、恋人になり、結婚して、子どもを産んで家族になる人びと。そうした人びとがたくさんいる。観光客や、私のような短期滞在者でも、境界線は日常的に飛び越えられ、お互いの出会いの物語が毎日生まれている。そういう物語はとてもリアルで、感動的だ。

しかし、そうした物語を「物語」にしているのは、他ならないその境界線自体である。その境界線がまず存在し、ふたつの人びとの歴史的経験や日常的な生活世界を規定し、出会いや葛《かっ》藤《とう》を演出しているのだ。

そう、そこには、葛藤もまた存在する。そこにはいまだに差別や排除があり、葛藤や対立、トラブルや喧嘩、不愉快な体験や受け入れられないぶつかり合いがある。沖縄には「くされナイチャー」という言葉がある。あるいはただ、ナイチャーという単純な言葉のなかにも、そうした反発や疑念が含まれる。沖縄の人びとであれば誰でも、「くされナイチャーネタ」がある。こんなナイチャーが会社にいた、取引先にいた、こないだ飲んだ居酒屋でこんなナイチャーの客がいた、高校の先生がナイチャーでこんなこと言われた、などなど。たいてい誰でも、こういう話のひとつやふたつ持っている。

先日、沖縄県内のある大学に通う学生たちと酒を飲んでいたとき、内地出身の若い学生が、笑いながらこんな話をした。こないだ、どっか行って帰るときに、自分の車にウチナンチュの友だちを乗せてってあげたんですけど、そいつの家のはるか手前で「おろしてくれ」って言われたんですよ。その理由は、こういうことだった。その友だちの父親がナイチャーのことが大嫌いで、ナイチャーの車に乗せてもらって帰ってきたということがバレたら叱られるから、はるか手前で降りて、そこから歩いて帰ったのだ。

例えばほかにも、ある年の高校野球で沖縄代表が優勝したとき、牧志《まきし》の公設市場でおばあたちが喜びのあまりカチャーシを踊りだしたのだが、踊りながら口々に「ざまあみろ」と言っていた、という話があって、これは私は複数の方から聞いたことがある。なかば都市伝説のようになっているのかもしれないが、実際にあっても不思議ではないと思っている。

境界線をまたいで行き来し、お互いがそこで出会って友人や家族になることもあるし、あるいはまた逆に、トラブルや葛藤を引き起こすこともある。もっといえば、何も波風が立っていない状態でも、たとえば基地や貧困がそこにあるというだけで、沖縄の人びとは内地から「構造的に」差別をされている。

境界線を飛び越えることも含んだ、こうした数々の物語のことを考えていると、私はやはり最後には、この境界線というものがどういうふうに作られ、どのように維持されて「いまここに存在する」のか、ということを考えざるをえない。さまざまな越境や出会いや葛藤の物語は、最終的にはやはり、この境界線によって形作られ、始められ、物語られるのである。境界線を易々《やすやす》と飛び越えながら、私たちはまたあの境界線に還《かえ》ってくる。私たちと沖縄の人びとは、境界線を挟んで、お互い向き合うようにして立っている。私たちは境界線と、壁とともにある。

どうしてこの境界線にこだわるのか。それは、いささかトートロジックになっているが、沖縄に対する私という存在そのものが、この境界線によってつくられたからだ。つまり、私は、ナイチャーなのである。それは「沖縄ではない」という意味だ。

もし境界線が易々と乗り越えられていく物語を、当の境界線を「構造的に押し付けている側」であるマジョリティの人びとが語ってしまった場合、自らが押し付けている壁を否定し、隠蔽《いんぺい》し、その責任から逃避することになる。だから私は、私たちは、あくまでも境界線の傍に踏みとどまるべきなのである。「本土も沖縄も関係ない」という言い方は、あきらかに、沖縄の側からなされた場合と、本土の側からなされた場合とでは、政治的な効果という点において真逆の結果をもたらすだろう。

線引きをやめること、あるいは、境界線を飛び越えることが、ひとつのドラマになり、書かれるべき価値のあることになるのは、そもそもそこに境界線が実際に存在しているからだ。境界線が存在しないところでは、それを飛び越えることもできないのだ。

社会学者という仕事をしていると、いろいろなところに調査に行って、いろいろな人びとに会う。私がしているのは、統計調査ではなく、一人ひとりにお会いしてその人生を聞くというやり方である。

私自身は、ほとんどの軸において、マジョリティである。男性で、健常者で、中産階級で、日本国籍で、ナイチャーで、部落外の人間だ。だから、多くの場合、マジョリティの立場から沖縄や部落で調査をさせてもらうことになる。もう二十年以上も社会学というものに携《たずさ》わって、生活史の聞き取り調査をしているのだが、調査というものは、「こんなところまで何しに来た？」「この調査は何かの役に立つんか？」「おまえに何がわかるんや？」の連続である。

もちろん、実際にこういうことを言われることはほとんどない。一回もない、と言ってもよい。沖縄でも大阪でも、語り手の方がたは、私の突然で不躾《ぶしつけ》な調査のお願いを、快く引き受けてくださっている。むしろ、生い立ちや人生の長い物語を聞いたあと、お礼を述べると、こちらこそ昔のことを思い出せてよかったよ、懐《なつ》かしかったよと、逆にお礼を言われることがある。

ただ、私には忘れられない一言がある。まだ学部生だったころ、右も左も分からないまま、ある社会学者に連れられて、たまたま大阪の釜ヶ崎《かまがさき》（いわゆる「ドヤ街」）の組合活動家の聞き取りに同席したことがある。釜ヶ崎のこともよくわからず、調査などというものも参加した経験もなく、西成《にしなり》の小さな居酒屋の座敷で、活動家の男性を囲んで数人の社会学者がインタビューするその席に、黙って座っていた。聞き取りの最後の方で、その男性が突然私を指差し、お前は誰やと聞いた。あ、すいません、まだ学部生で。勉強しに来ました。私が答えると彼は、そうか、と言って、一言だけつぶやいた。

「うまいもん食ってそうな顔しとるな。」

私はきょとんとして、ただ黙って曖昧《あいまい》に頷《うなず》いたのだが、あれが嫌味だとわかったのはそれから数日経ってからだった。

釜ヶ崎で長年、過酷《かこく》な労働に耐え、路上の仲間たちとヤクザや警察や行政を相手に血みどろの闘いを続けていた彼から見れば、当時は痩《や》せた色白の学生だった私は、いかにもお坊ちゃんした若造に見えただろう。彼は私に、こんなところに何しに来たんや、おまえに何がわかるんやと、痛烈な問いを投げかけたのだった。

そのあと社会学の道に入り、沖縄で、あるいは大阪でさまざまな方とお会いして聞き取りをしてきたが、ここまで直接的にその「立場性」を問われたのは、いままでこの一度だけだ。私はこの一言をよく思い出す。私はあのとき、どう答えるべきだったのだろう。そして今なら、どう答えるだろうか。

私はもういちど、あの活動家のおっちゃんに会いたいと思う。あれから研究も聞き取り調査も、自分なりにずっと続けてきた。大学院に入るまえに、長いあいだ日雇《ひやと》いの建築労働もしていて、ずいぶん体格も変わった。

いまの私は、何を食ってそうな顔に見えるだろうか。

あからさまに言われないまでも、やはりナイチャーとして沖縄の調査を続けると、自分は誰だろう、どこに立って、どちらを向いて、どこに話しかけているのだろうと問い直さざるをえない。しかし同時に、矛盾《むじゅん》するようだが、自分や相手の「立場性」ばかりを問い詰めるような文章は息苦しいし、だいいちつまらない。もとより、研究者としては、「それでもなお」現場に赴《おもむ》いて調査をし、歴史的事実を掘り起こしたり、さまざまな人にお会いしてその人生の語りを記録したりしないといけない。だから私は、いつもまずはじめに、「自分は誰なのか」を問い直し、同時に、ただ単に問い直し続けるだけではなく、実際に人びとと出会い、「事実」を記録し続けるという仕事をしなければならない。

そうなるともう、残されているのは、ただ考え、そしてその考えたことについて書く、ということぐらいしかない。

繰り返すが、この本は、沖縄の時事問題や歴史的事件についてわかりやすく解説した、「役に立つ」本ではない。むしろ、そんなことを考えて何になるのかと言われそうな、めんどくさい、読みづらい本だと思う。そういうめんどくさい話を書こうとしてここ数年、いろいろな媒《ばい》体《たい》で、少しずつ単発で、短い文章をたくさん書いてきた。私はこの本のなかで、それらの断片的な文章を繋《つな》ぎ合わせ、切り貼りして、枝葉を切り落とし、あるいは枝葉を継ぎ足して、ひとつの流れのなかに置き直した。自分でもどう書いてよいかわからないので、このような形になった。どこから読み始めてもよいし、どこを読み飛ばしてもかまわない。ゆっくりと好きなところから読んでいって、なにか心に残るものがあれば良いし、これを機会に沖縄の、あるいは「マイノリティ」と呼ばれる存在のことについて、あるいはまた、境界線そのものについて考えるきっかけにしてもらえたら、これほどうれしいことはない。

自治の感覚

美びホーム沖縄
ViVi Home
TEL 098-855-6661

ひとは、はじめにどのようにして沖縄に触れるのだろうか。それはそれこそ個人個人の物語で、さまざまなきっかけやいきさつがあり、それぞれに出会いの物語がある。しかし、おおまかにはそれは、いくつかのパターンに分かれる。まずは家族や友だち、恋人、会社やバイト先のみんなで行く観光旅行。あるいは、中学や高校の修学旅行。本土の人びとの沖縄との出会いは、おおよそこの二つのうちのどちらかだろう。もちろんその他にも様々な出会いがあるだろう。単身赴任でいきなり、ということもあるだろうし、何かの研修でひめゆりの塔に行く、ということもあるだろう。

私たちが最初に出会う沖縄の人びとは、どういう人だろうか。私たちは、どういう場所で、どのような会話を交わすのだろうか。旅行社の営業、観光ガイド、空港のスタッフ、国際通りのお土産屋の店員、バスの運転手、沖縄料理を出す居酒屋の店員。それもまたさまざまであるだろう。そのなかでも私たちの多くは、訪れた沖縄でまず最初に、タクシーの運転手と話を交わす。

沖縄のタクシーはほんとうに面白い。出張のときの楽しみのひとつだ。もちろん人にもよるが、大阪と並んで那覇は、タクシーの運転手さんがよくしゃべるところではないかと思っている。話好きのおっちゃんが多いし、なによりもマイペースで、勝手で、ラフで、あまり細かい規則を守らない。そして、よくしゃべる。目的地に着いて、お金を払って、ドアが開いても、まだしゃべっていることも多い。そういうときは、なかなか車をおりることができなかったりする。

学生たちを連れて沖縄で聞き取りをしているときに乗ったタクシーで驚いた。ハンドルの横に大量の、喫茶店で使うような紙ナプキンが置いてあったのだが、運転手のおじい(沖縄ではおじいさんのことを「おじい」、おばあさんのことを「おばあ」と言う、という知識が内地のあいだでも一般に知られるようになってきているが、実はこの言い方は自分の家族などのかなり「親密な」場合にのみ使われるらしい。だから、観光客などにいきなり自分の祖母のことを「おばあ」呼ばわりされると、怒る人もいる。しかしここではあえて、親しみをこめて「おじい」「おばあ」という言葉を使いたい。)が信号待ちのときにそのナプキンの一枚を手に取り、なにか細かく縒《よ》りだした。何度か信号待ちを繰り返しているあいだに、おじいの手のひらのなかの白い紙は、きれいにねじられ、折りたたまれて、美しいバレリーナになったのだ。

私と学生たちは本当に驚いた。その真っ白のバレリーナは、腕も左右に大きく広げられ、それはほんとうに、いままさにくるくると回りながら踊っているところだったのだ。

おみやげに、とそのバレリーナをいただいた。私と学生たちは心から感心した。そして口々に、こういうことは大阪や東京ではありえないね、と話した。

つい先日乗った別のタクシーの別のおじいは、信号待ちのあいだに一枚の折り紙を取り出し、見ている目のまえで器用に折り紙を折っては私に手渡した。県庁から崇元寺《そうげんじ》まで乗る短いあいだに、私の両手はきれいに折られた犬や猫や恐竜でいっぱいになった。

そのほかにも、すこし言葉で説明しづらいのだが、タクシーの車内で「一面にブーゲンビリアが咲いていた」こともあった。もちろん本物である。話を聞いたら、前席の両脇にあるカップホルダーに小さな植木鉢が差し込んであって、そこからぐるっと後部座席まで枝を伸ばして、咲き誇っていたのだった。

つい先日も、たまたま乗ったタクシーの運転手のおじいがとても面白かった。年をきくと七十五歳だという。お客さんはどこからですか？　あ、ぼくは大阪からです。こんな感じで、たわいもない会話が始まる。聞けば、戦時中に大阪で生まれたという。戦前から戦後にかけて、沖縄からは大量の出稼ぎや移民が、大阪や東京、あるいはハワイや南米に出ていった。そのおじいも、大阪に出稼ぎに出ていた沖縄出身の両親のもとに生まれ、そして四歳になって初めて、沖縄に帰ってきた。

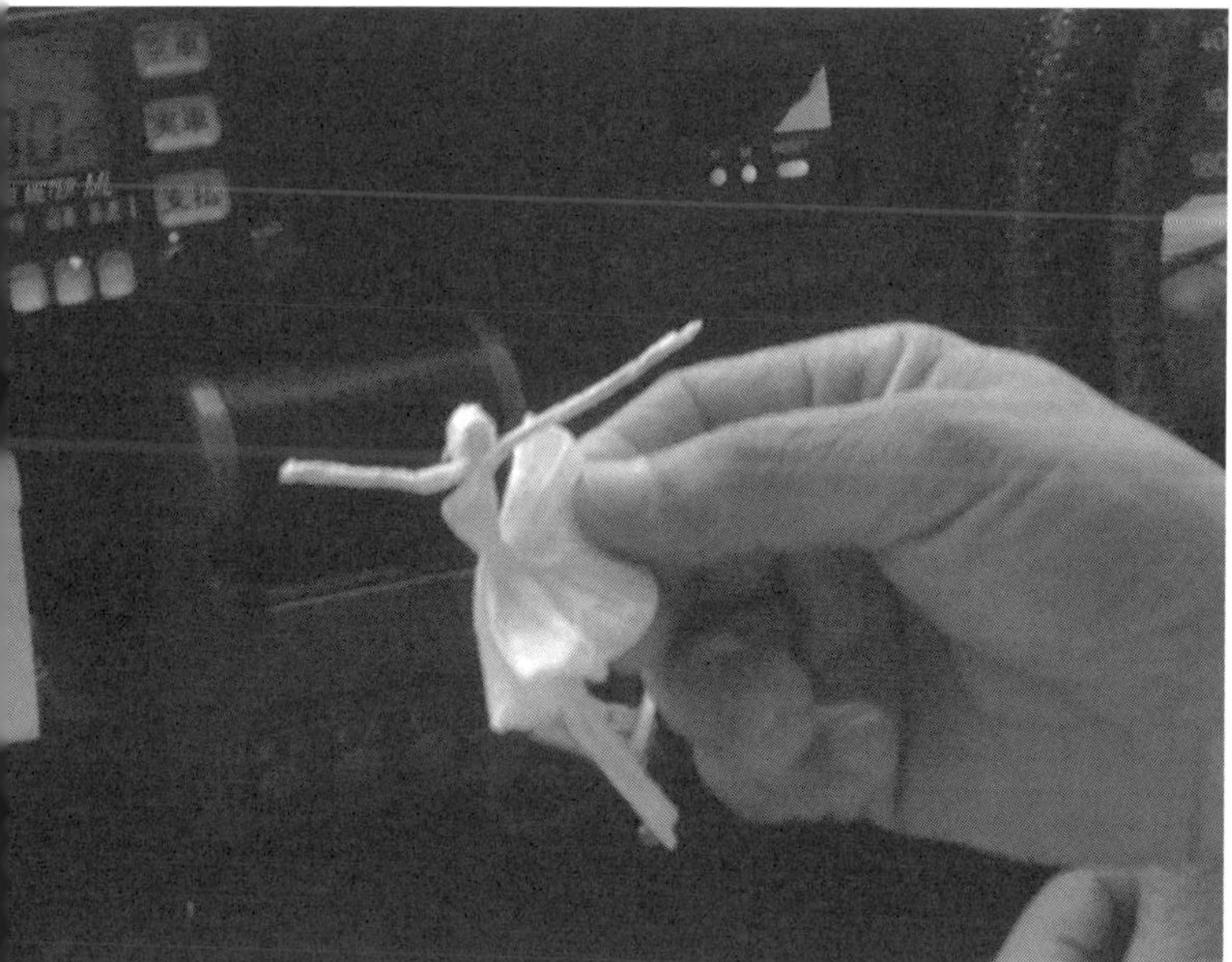

帰ってきたとき覚えてる？　と聞いたら、意外なことを言った。ああ、よく覚えてますよ。眩《まぶ》しかったです。

眩しかったって、どういうことなのと聞くと、それは道路のことだという。戦後かなり経つまで、沖縄の道路はアスファルトではなく、白い石灰砂が撒かれていた。すでに黒いアスファルト塗装が進んでいた大阪で生まれた彼にとって、初めて見る故郷の沖縄は、真っ白で眩しい土地だったのだ。

個人史を聞くとは、こういうことである。タクシーでのたわいない世間話でも、こうした豊かなディテールは、私たちの感情を強く揺さぶる。私はタクシーのなかで思わず目を閉じ、戦後すぐ、米軍に占領されていた沖縄の、白い砂が敷き詰められた眩しい街を想像した。

運転手のおじいは道を間違えて、ぜんぜん関係ないところを走りながら、いつまでも話し続けていた。

沖縄に流れる独特の時間を共有することは、私たち内地の人間にとっては、ほんとうに難しい。先日、那覇で乗った、また別のタクシーのおっちゃんから、面白い話を聞いた。そのおっちゃんは五十代後半ぐらいだったのだが、その両親が、かなり歳が離れているにもかかわらず、同じ誕生日なのだという。

私は最初、わけがわからなくてぽかんとしていたのだが、よく聞くとこういうことだった。

戦後、彼の両親の村は焼け野原になった。そのために、村の人びとの戸籍をもういちど作り直すことになった。そういうことは、戦後の沖縄ではよくあったらしい。

そのときに、当時の区長（自治会長）が、村の人びと全員の誕生日をあらためて調べるのが面倒だったので、すべて「自分の誕生日で」申請してしまったという。

だから、その地区の住民は、若いひとも年寄りも、男も女も、すべて同じ生年月日なのだ。

こういう感覚。

こういう感覚は、いちど焼け野原にならないと、生まれないのではないか。焼け野原になって、そして日本やアメリカのはざまでいいように扱われ、ふみつけにされた土地でないと、こういう感覚は生まれないのではないか。

三、四年前、出張で沖縄に来たとき。私が古いデジカメを首からぶらさげてるのを見て、六十ぐらいのパンチパーマの、いかにも夜になったら桜坂《さくらざか》のスナックで泥酔《でいすい》してそうな運転手のおっちゃんが、こんなことを言いだした。

お客さん。写真撮るんですか。カメラが趣味ですか。

え、いや別に。何で。ああ、これか。いや、ちょっと仕事で。

ああ、仕事ですかー。すごいですね、カメラで仕事って。

いやまあ、そういうアレでもないけど。

てっきりカメラが趣味だと思いました。

まあ、そういうひと多いだろね。沖縄に写真撮りにきたりするひと多いんちゃう。

そうですね。でも写真が趣味ってかっこいいさーね。

んー、まあそうやね。運転手さんなんか趣味あるの。

まあ、私なんか遊び人で。

遊び人。かっこいい（笑）。酒とか？

いえいえ。あのー、船です。

ああ、船。釣りとか？

いえいえ、そんなんじゃなくてですね。船の、競争。

え、ひょっとして競艇《きょうてい》か。

そうです。

へええ。でも沖縄に競艇って無いでしょ。ていうか沖縄って公営ギャンブルないよね。パチンコぐらいか。

（鼻で笑う）パチンコなんてあんなもん。みんな昼間っから何してんだって思いますよね。

くだらないですよパチンコなんか。

ああそうか（笑）。競艇は面白いの？　ていうか、内地まで行くん？

あーそうですね、ぼくはもっぱら尼崎《あまがさき》ですね。お客さん尼崎ってわかります？

わかるよ近所だよ。えー、わざわざ沖縄から尼崎まで行くの？

いや、こないだ一回だけ行っただけなんですけどね。そのときにね、駅、行ったんですよ。尼崎の。でも場所わからないわけですよ。で、そしたらね、知らないおじさんがね、このひとはとっても親切なひとだったんですけど、私をね、競艇まで連れていってくれたんですよ。そしたら、そのときに、あなたのことが気に入ったってね、こう言うんですよ。それで、あなただけにこの表をあげるから、って、素晴らしい表をくれたんですよ。

表？　紙の、表？

はい。その表を見るとね、競艇の結果がわかるんです。

へえ……。

そのね、結果がね、すべてそこに書いてあるわけですよ。でも、そのままだったら、その表はわからないわけですよ。でもね、お客さん、私ね、そこから大変勉強してね、その表を読めるようになったんです。ですからね、競艇の結果はね、すべてわかるんです。そういうすばらしい表をね、

あ、じゃあ、運転手さん、すごいお金持ちなんだね。

その表をね、これから使うところなんですよ。で、私考えたんですけどね、人を雇《やと》ってね。

人をね。

会社を作って、たくさん人を雇ってね。それでね、そのひとたちをね、尼崎にやってね。派遣してね。それで舟券を買わせてね、こちらに送らせようと。そうするとね、もうね、あ、そこの信号のところでいいよ。その信号通り過ぎたとこで。そうそうこのホテルの前。

そうですか。

だれかに騙《だま》されてそういう「表」を高いお金で買わされたのを、だれか別のカモを見つけて、売りつけようとしたのかもしれない。

二、三年ほど前に友人と一緒に乗ったタクシーで。美栄橋《みえばし》あたりで乗り込んだのだが、崇元寺の辺りで急にそわそわしだすと、他のタクシーにむかって手を振っている。何をしてるんだろうと思って見ていたのだが、突然おじいが路肩に車を止めると、「もう降りましょうね」と言った。つまり、降りてください、と言っているのだ。なんで、なんか故障でもしたの、と聞くと、「いや、私もう帰りたいから。ここの通りで待ってたら、すぐ次の車くるから」ということだった。あ、そうなの、今日の仕事もう終わりなの。そう、終わりです。もう家に帰ります。そうかあ、お疲れ様でした、と言って、私と友人はそこでその車から降りて、路上で次のタクシーを探したのだった。

こういうことは本当に、大阪でも東京でも、めったにない。ありえない、と言ってもよい。沖縄に来ていつも驚くことは、タクシーの運転手のおじいが自由に、バレリーナを作ったり恐竜を折ったり花を育てたりしてもよい、あるいは、好きな時間に仕事をやめて家に帰ってもよい、たとえ客が乗っていても、ということだ。言われてみれば、確かにそれは、法律で禁止されているわけでもないし、たぶんタクシー会社にも、「運転手はバレリーナを作ってはならない」という規則は存在しないだろう。しかし私たちは、なかなかそのことに、バレリーナを作ったり、途中で家に帰りたくなったら客を降ろしてもよいということに、気づかない。

沖縄的なもの、あるいは沖縄らしさ、とは何か。世間でよく言われるそういうものには、フィクションやただの「お話」のものも多いが、私が特に感じることのひとつに、このタクシーのおじいたちが体現しているような、あるひとつの感覚がある。ここではそれを、とりあえず「自治の感覚」と呼ぼう。

沖縄の、いつも自分流で、時には「自分勝手」でもある「自治の感覚」は、その独特の歴史的経験から生み出されたものだ。戦後のウチナンチュの生活の知恵やたくましさは、この島に正しく受け継がれていて、たとえばその自由で気ままな「自治の感覚」に、私のようなナイチャーがいつも驚かされる。

自治の感覚だけでなく、笑いの感覚にも驚かされることがある。

お笑いといえば大阪、ということになっているが、沖縄の笑いも意外なほどレベルが高い。とくに最近の沖縄の芸人さんはほんとうに面白い。なかでもスリムクラブが好きで、最初に見たとき衝撃的だった。小ネタだが、「僕、おばあちゃんから生まれたんです」というネタが好きだ。スリムクラブはふたりとも琉球大学の卒業生らしい。普通なら卒業したあと教員か公務員になっているところである。

数年前、巨大なウッドベース（コントラバス）を担《かつ》いで国際通りを歩いていた。そこにあるライブハウスでピアノトリオで演奏するために、わざわざ大阪から飛行機で運んだのだ。

週末の夜で、国際通りはいつものように賑《にぎ》わっていた。途中で、地元のヤンキーの男の子たちの集団が騒いでいた。内地の観光客でもナンパしに来たんだろう。みんなタバコを手にもってふざけてはしゃいでいたのだが、目立つ楽器を担いでよろよろと歩く私に気がつくと、じろじろとこっちを見ていた。じろじろ見るな、と私は頭の中だけでつぶやくと、無視して彼らの前を通り過ぎた。

私は極端な方向音痴《おんち》で、一本道の国際通りでさえいつも迷う。その夜もまたいつものように、大きくて重いウッドベースを肩に担いで、途中で逆向きに歩いていたことに気づいた。私は引き返したが、またあのヤンキーの集団の前を通らなければならないと気づいて、憂鬱《ゆううつ》になった。

そしてその彼らの前を、もういちどウッドベースを担いで通り過ぎようとしたら、ヤンキーたちは、目の前をでかい楽器を担いだ同じおっさんが二度も通っていくのを、ものすごく面白そうな顔で、さらにじろじろ見ていたのだが、そのうちのひとりが突然私に近づいて、私の目をまっすぐに見ながら言った。

「デジャブ⁉」

私は彼を無視して足早に通り過ぎたのだが、そのあとしばらく、「うまいこと言われた」ことが悔しくて仕方なかった。正直、そこらへんの大阪人よりよっぽどおもしろい。

沖縄では、飲み会はしばしば長時間続く。同じ店で六時間ぐらい延々と飲むこともある。店のひともそれほど怒らない。同じメンバーでよくそれだけ会話が続くものだと思うが、みんなくだらないことをずっと喋《しゃべ》っている。もちろん私も適当なことばっかり喋っている。沖縄のひとは引っ込み思案でおとなしいと言われることが多いが、意外に話し上手な、面白いひとが多いのではないかと思っている。

沖縄を思って泣く

沖縄のひとが、沖縄を思って、あるいは生まれたシマ（地元）を思って泣く場面に、何度か出会った。

那覇の桜坂というところでよく飲む。観光客で賑《にぎ》わう国際通りから一本入ったところにある、戦後すぐからの古い飲屋街で、バラックのような建物がぎっしりと並んで、ネオンが酔客《すいきゃく》を誘っている。沖縄の復帰前は那覇でもいちばん栄えていたところで、せまい道をすれちがうことも難しかったほどの人出だったらしいが、いまでは寂《さび》れて、ひともまばらだ。その上、国際通りのすぐ横の一等地なので、再開発の手が伸びていて、バラックを潰《つぶ》して広い道路が通り、巨大な外資系のホテルも建設された。しかしその足元では、いまも築六十年ぐらいの平屋のバラックのスナックたちが残っていて、元気に営業している。

そのうちの一軒によく行く。つい先日もそこで、共同研究者の打越正行《うちこしまさゆき》と飲んだ。沖縄の暴走族や日雇い労働者の調査で最近話題の社会学者である彼は、とても賑やかな男で、飲んでいる間じゅうずっと喋っている。

遅くまで飲んで、深夜零時を回ったころ、離島出身の五十歳ぐらいのママが、珍しく自分の人生をぽつりぽつりと語り出した。

旦那と別れてひとり暮らしで、娘とも離れて住んでいる。離島の実家には父親がいて、彼もひとりで暮らしている。父親のいる実家に帰りたいけど、女は帰れないさー。帰ったら出戻りって言われるさー。だから意地でも帰らないよ、と言いながら、目を真っ赤にしていた。

彼女は私のことも聞いてきた。にーさん、若くみえるねえ。結婚してるの？ してるよ。子どもは何人？ 俺、子どもできなかった。ああ、そう。

彼女はたまたま私と同い年だった。同じ年にまったく別のところで生まれて、別の人生を歩み、たまたま那覇の路地裏の酒場で出会って、酒を飲んでいる。

それまで私の隣に座って、大きな声で喋りながら一緒に飲んでいた打越も、珍しく口数が減って、泡盛のグラスを持ったまま静かにママの話を聞いていた。

ふと振り返って打越の顔を見ると、彼は手にグラスを持ってまっすぐ座ったまま、ぐっすりと熟睡《じゅくすい》していた。

ずっと前、大学を卒業して大学院に入る前に、大阪で数年間、日雇い建築労働者をしていた。いろいろな現場で、いろいろな人たちに会ったが、そのなかでひとり、沖縄出身の若い男性がいた。

私も彼もまだ二十代で、おっさんばかりの建築現場でなんとなく親近感がわいて、なんどか話しかけたのだが、あまり会話が続かず、そのうち喋らなくなった。ある日、現場のあとに飯場まで帰るワゴン車が一緒だったので、話しかけたら、珍しく彼もぽつぽつと喋りだした。

会話が途切れたとき、どこで生まれたの、と聞いた。彼は、沖縄、と言った。

そのとき私は、大学院も落ちて人生の行き場所をなくしていて、もっとも「沖縄病」をこじらせていた時期だったので、その言葉に食いついた。

沖縄なんや！　すっごいいいところだよな　大好きだよ！　うらやましい！

彼はもごもごとなにかをつぶやいたあと黙り込んでしまった。

私は、しまった、と思った。彼はその「いいところ」から出て、どういうきっかけで大阪まで来て、どういう気持ちで建築現場で働いていたのだろうか。私は何もわかってなかったと思う。


つい先日、別の沖縄の友人と話していて、「川がうらやましい」と言われて、驚いたことがある。私は大阪の自宅から京都の職場まで、毎日電車で、片道一時間半以上かけて通っている。途中、淀川という大きな川を渡る。たしかにその景色もきれいなことはきれいだが、もう何十年も見ている風景なので、あらためて「うらやましい」と言われて、ほんとうにびっくりした。むしろ、いつも寝る前に瞼《まぶた》の裏の暗闇のなかに浮かぶのは、沖縄の青い海だ。

沖縄の海のほうが百倍うらやましいよ！　と言ったら、いや、ウチナンチュは、海なんか入らないですよ、と言われた。そこにあるのが当たり前なので、街の中にある、大きな川のほうが、うらやましいです。

たしかに、沖縄のひとは海に入らない。真夏のシーズン中でも、水着で泳いでいるのは観光客ばかりだ。だからといって、ウチナンチュが海を粗末に扱っているわけではなく、みんなこの青い海を心から愛して、大事にしている。でも、なんというか、「あらためてわざわざそう言われると……」という感じになるのだろう。

当たりまえの、いうまでもないことなのだが、沖縄のなかでもいろいろあって、だから例えば、なにか事情があってそこから出て、よその街で暮らすこともある。あるいは、沖縄に住んで、愛着も持っているけど、ナイチャーの単純な「沖縄好き」に接して、とまどうこともあるだろう。

ただ、こういうことがあった。昔、私が在籍した大学院の博士課程に、沖縄から進学してきた院生がいて、彼女はウチナーグチもわからないし、沖縄なんてぜんぜん興味ない、と言っていたが、いちど大阪で飲んでカラオケに行ったとき、「てぃんさぐの花」を歌いながらボロ泣きした。

あれはいったい何だろう、と思う。私がよその街で暮らしていても、故郷の歌を歌って泣くことは、たぶんないだろう。沖縄って、ほんと、何だろう。

沖縄の人びとの故郷に対する愛情やプライドは、とても強いと言われている。社会学でも、「沖縄アイデンティティ」は、それ自体が大きな研究テーマである。

同時に、沖縄の人びとの、日本本土に対する複雑な感情も、なかなか調査でこれと差ししめすことは難しいけれども、確かに存在する。私は以前、復帰前の沖縄の若者たちの「本土就職」（本土への単身出稼ぎや集団就職）とその後のUターンについて調査したのだが、復帰前後の沖縄の若者たちが抱いていた「本土への憧《あこが》れ」はとても強かった、ということが、聞き取りでよく語られた。しかし復帰後には、その感情に「反感」が混じるようになる。

かつて基地の街として栄えたコザの繁華街で取材したときに、バーやカフェのマスターたちが口々に、復帰前の沖縄の「景気の良さ」を語っていた。週末になると米兵が押しかけ、ドル札がレジに収まらず、床に置いたダンボール箱からも溢《あふ》れて、上から靴で踏んでいた、という話がよく語られた。

実際、一九七二年に日本に復帰した後、七五年の海洋博のあたりから、沖縄の景気はずっと悪い。ここ数年は、外国人も含めた観光客の激増という要因もあり、とても景気が良くなってきているが、復帰後の景気の悪さの印象が強烈に残っていて、六〇年代の高度成長期の、勢いのあった沖縄の記憶は、ノスタルジックな物語のなかで何度も呼び覚まされている。

加えて、戦争を否定した平和憲法のもとへ復帰するのだという期待が、基地をそのまま残した復帰という現実に裏切られ、そのことが日本に対する大きな落胆となった。そもそも、沖縄戦そのものが、本土の「国体」を守るための戦いだった。その戦争のなかで膨大な数の沖縄の人びと——大半が非戦闘員の一般市民だ——が殺された。そのときに沖縄は本土に見捨てられ、犠牲になったのだが、基地を残したまま復帰することで、沖縄はもういちど見捨てられ、またも犠牲になったのである。

本土への強烈な憧れと同時に存在する、強烈な反感。沖縄の「アイデンティティ」には、家族や地域への素朴《そぼく》な愛着から、日本本土やアメリカに対する「拒否の感覚」まで、さまざまな要素がある。

そういうことを、本で読んだり勉強したりするなかで、頭では学んでいるけれども、身体的なレベルでほんとうにわかっているかというと、まったく心もとない。一生わからないだろう、と思う。しかし、そういうものが存在するということは、いつも忘れずにいたいし、沖縄での日常的な経験のなかで、ふと垣間《かいま》見ることがある。

沖縄の「安定層」の人びとに聞き取りをした。それは、大雑把《おおざっぱ》にいえば、琉球大学や本土の名門大学を卒業して、大企業に就職したり、教員や公務員になって、相対的に安定した人生を歩む人びとのことだ。

ある県内大企業の正社員である若い女性に聞き取りをしたときのこと。生い立ちや家族環境だけでなく、沖縄をめぐる状況についての話になった。彼女は何度もこう語った。私は米軍はあってもいいと思います。沖縄は、いろんな文化を受け入れて、自分のものにしてきました。朝、ジョギングをすると、いつも同じマリーンの米兵に会います。彼とは友だちです。

そう話していた彼女だが、また別の日に普通に一緒に飲んでいたときに、何の話の流れだったか忘れたが、ふと、沖縄ってほんとに植民地だからね、と言った。

こういう感覚。沖縄の人びとみんなが同じ感覚を共有しているわけでもないだろうが、こういう感覚が存在する。彼とは友だちです。ほんとに植民地だからね。どちらも嘘ではない、ほんとうの実感だろうと思う。あまり政治的なことは関わらない、どちらかといえば「保守的」な女性だったのだが、それでも自然にそういう言葉が出る。

あまり、ささいな言葉に大きな意味づけをしてもいけないのかもしれないのだが。

タクシーの運転手さんとよく喋る。ときどき、沖縄のことを「教えてくれる」おじいがいる。内地から沖縄に出張ですか、という言葉から始まって、いろいろと喋り、いや大学の教員で、沖縄のことをずっと研究しているんです、というと、弾んだ声で、そうですか。沖縄というところは、昔は琉球王国といってね、日本とは別の国だったんですよ。アジアとの貿易で、とても栄えていたそうです。それが一六〇九年に島津が侵攻してから貧しくなり、明治には日本の一部になりました。沖縄戦で人がたくさん死にました。一九七二年にやっと、日本に復帰したんですよ。復帰前はほんとうに景気良かったですね。

こういうときはもちろん知ってます、ということは言わない。へえ、そうなんですかと言いながら、ただ聞く。沖縄の人から、沖縄のことを教えてもらうことが、とても好きだ。

そして、沖縄のことを研究したり、本に書いたりしているというと、よくこう言われる。そうですか、わざわざ沖縄のことを。沖縄を気にかけてくださって、ありがとうございます。

タクシーだけでなく、生活史の聞き取りでも逆にありがとうございますと言われることがあるのは、沖縄に限ったことではないが、沖縄で特に多いような気がする。

こういうのは何だろうか、と思う。

沖縄に滞在して、いろいろな人びとと出会って感じることは、アイデンティティや本土に対する複雑な感情、というものだけではない。なかなかこれも、社会調査や数字によって明らかに示すことが難しいけれども、沖縄には独特の「社会規範」があると感じる。

もちろん、こうした規範は、沖縄「だけ」のものではない。それは日本のいろいろな地方に、あるいは東京や大阪にさえ存在するだろう。だから、こういうものも「程度の差」でしかないものなのかもしれない。

あるいはもっといえば、沖縄が好きになって、沖縄に通い、沖縄を研究する者がもつ、沖縄を特別視する視線が「でっちあげる」ものでしかないのかもしれない。

沖縄に出張するとよく、いくつかの図書館に立ち寄る。沖縄の公立図書館は、どこも設備が充実していて、のどかで静かで緑も多く、とても気持ちの良い場所である。私はそういう図書館で、いくつもの論文や本を書いた。

ある冬の日、一九六〇年代の沖縄の新聞記事を検索していて、とても寒かったので、暖房を入れてくれないかと職員の方にお願いしたところ、この建物は暖房がないんです、と言われて驚いた。そういえば沖縄のホテルでも、エアコンが冷房だけで、暖房が付いていないところは多い。南国ならではである。

あ、そうですか、仕方ないですね、と言って、ふるえながら作業に戻った。しばらくしてからいったん昼食に出かけ、一時間ぐらいして席に戻ってみると、小さな小さな電気ストーブが、私が使っていた席の足元に置かれていた。そのストーブには、いかにも沖縄らしい名字の氏名が書かれていた。職員さんに聞くと、すこし笑いながら、私が使っているものでよければお貸しします、と答えた。

私は、なんて親切なひとなんだろう、と思うと同時に、あ、やっぱり職員の方でも冬は寒いんだ、と思った。そして、沖縄はやっぱりいいところだな、と思った。

もしあなたが、東京や大阪などの大都市で、公共的な図書館で、すこし寒いんです、と言ったとしよう。その職員の方は、私物の電気ストーブを貸してくれるだろうか。利用者に職員が私物を、それもその場の勝手な判断で貸し出すということは、やはりかなり考えにくいのではないだろうか。

なぜかというと、もし職員の方が、そういう小さな親切をしようと思っても、何らかの規則に違反してしまう可能性があるからだ。職員が個人的に、自分の判断で、利用者のために、私物を貸す。日本という社会の、官僚的な組織のやり方にすっかり慣れ親しんだ私たちにとって、この小さな親切は、とても大きな意味を持っているのではないかと思う。

私たちはなかなか、お互いに親切にすることができない。なぜかというと、親切にするということは、ほとんど必ず、なにかの小さな規則に違反してしまうからだ。わかりやすい例をあげよう。電車や路上という公共空間では、そもそも私たちは、見知らぬ他人に話しかけてはいけないことになっている。だから、苦しそうにうずくまっている誰か知らない人を助けようと思ったら、まず最初にこの、「他人に話しかけてはいけない」という規則を破る必要があるのだ。

私は、良い社会というものは、他人どうしがお互いに親切にしあうことができるような社会だと思う。そしてそのためには、私たちはどんどん、身の回りに張り巡《めぐ》らされた小さな規則の網の目を破る必要がある。

私たちは、規則を破らないと、他人に親切にできない。だから、無意味な規則というものは、できるだけ破ったほうがよい、ということになる。そして、そういう「規則を破ることができるひと」が、沖縄にはたくさんいる。

こういう感覚を、「自治の感覚」と呼びたい。自分たちのことは、自分たちで決める、という感覚。自分で決めて、自分のルールで、他人に優しくすることができる人びと。

そういえば、那覇の安里《あさと》という飲み屋街の、古い建物の壁に、「私達の街は私達で守ります」という謎の宣言が、ペンキで直接書いてある。どういう経緯で誰が書いたのかは調べていないが、おそらく暴力団追放とか、そういうことがあったのだと思う。経緯や意味はわからないけど、なんとなく、沖縄らしい言葉だなと思って、いつも見ている。

先日、那覇の泊《とまり》というところにある、地元客向けの大衆食堂で昼ごはんを食べていたら、横のテーブルで、おじいがひとりで、のんびりと泡盛のボトルを置いて、自分で水割りを作りながら、ゆっくりと飲んでいる。土曜日だったが、まだ昼の十二時である。いいなあこういうの、と思って横目で見ていたら、店にもうひとりのおじいが入ってきて、改まった挨拶もせずにそのおじいのテーブルに座り、一言二言会話を交わしたあと、一緒に泡盛の水割りを作って飲んでいた。

いいなあ、と思った。地元の幼馴染《おさななじみ》だろうか。大げさな挨拶もなく黙って同じテーブルに座るところもよい。いつもこの食堂で、ああやっておかずだけつまみながら、春の沖縄の長い午後を過ごすのだろう。

こういう、特に何をするわけでもなく、お金もかけずに、地元の友だちとなんとなくお酒を飲んでゆっくりと過ごすという生活は、沖縄だけではないけども、やっぱり沖縄の人びとの、人生を楽しむ知恵だと思う。

沖縄の戦後の、米国と日本のあいだで翻弄《ほんろう》されてきた過酷《かこく》な歴史を思うとき、あるいはまた、県民所得が全国最下位で失業率が全国一位であるような経済状況が戦前からずっと続いていることを思うとき、そうした政治的・経済的なしんどさを跳《は》ね返してきた、沖縄の人びとのたくましさと知恵を表しているとも思うのだ。

ただ、内地の側の人間としては、こうした生活を楽しむ工夫を羨《うらや》ましく思いながらも、やは

私達で守ります

私達の街は

与儀精肉店
ひと粒の
店舗 那覇市樋川2丁目2-10
倉庫 豊見城ニュータウン内

農連中央市場

りその根源にある経済的な貧しさや、政治的なしんどさも、ちゃんと考えないといけないと思う。沖縄のよいところばかりを賞賛《しょうさん》するのは、いかにも観光客的な目線だからだ。

しかしやっぱり、そうはいっても、こういう風景は沖縄らしいな、と思う。


しかし、そう、何度も立ち止まらなくてはならない。外から見ていると、自由で気楽な暮らしにみえるが、そこには貧困も、暴力もある。そういうものを見ずに、ただ沖縄の自由さだけを理想化することは避けたい。

沖縄だけでなく、大阪で暮らしていても、たまにひどい貧困の現場を見る。ずっと以前だが、大阪市の南の果てで暮らしていたとき、真冬に、近所のスーパーで十歳ぐらいの女の子が、上半身裸でバスタオルだけ巻いているのを見かけたことがある。髪の毛も汚くて、あれは貧困というより虐待《ぎゃくたい》だったのだろう。あっと思ったけど、急いでいたこともあり声をかけそびれたことが、今でも悔やまれてならない。もう十五年も前だが、あの子は無事に成長しただろうかと思う。ほんとうに、ちゃんと声をかけて、どこかに通報すればよかったとそればかり思う。

沖縄でもこうした貧困の現場に出くわすことが多い。つい先日、那覇の松尾あたりを散歩していると、公園のところに自転車を引いたホームレスのおっちゃんが立っていた。ボロボロの格好で私に近づいてきて、十円貸して、と言う。そのときは黙って通り過ぎたが、やはり腹でも減っているのかとどうしても気になって、財布から出した小銭を握りしめてもういちど彼のところまで戻ると、猛烈《もうれつ》に酒臭かった。酒に消えてしまうだろうと思い、そのまま素通りして、お金は渡さなかった。こういうときはほんとうにどうすればよいかわからない。どこかの施設でちゃんとしたケアを受けることができたらいいのだが。

貧困だけではない。もうずっと昔のことだが、まだ若い院生だったころ、沖縄のある著名な民俗学者の先生と飲んだことがある。もう夜なのか朝なのかわからない四時ごろになって、糸《いと》満《まん》の小さなスナックでかなりできあがってきたころに、「君たちナイチャーの沖縄研究者はね、何かというとすぐに沖縄の共同体とか、『いちゃりばちょーでー』(出会えばみな兄弟)とか言うけど、沖縄のコミュニティなんか、一歩中に入ったらドロドロだよ！」と叫んだことがあった。私はなるほどそういうものかと思った。そしてそのあとしばしば沖縄を訪れ、地元の人びとと接しているうちに、この言葉が身にしみるようになった。

とにかく私たちは、沖縄のアイデンティティの強さについて、家族と地元への愛着について、復帰前に対するノスタルジーについて、自由でユルい社会規範について単純に語りがちなのだが、それらの実際のあり方の複雑さを、繰り返し考え続けたほうがよい。それは私たちの、沖縄に対する「植民地主義的な」視線が捏造《ねつぞう》した、理想化された亜熱帯の島のイメージなのかもしれない。たしかにそういう面はあるだろう。しかしまた同時に、本土とはまったく異なる、沖縄独自の歴史的経験のなかからつくられてきた、「社会学的な事実」でもある。それは実在するのだ。

沖縄独特のものを、外からのイメージやラベリングに還元《かんげん》するのでもなく、あるいはまた、植民地主義的に理想化して熱く語るのでもなく、ただ淡々と、事実としてそこにあるもの、歴史的に、社会的に、経済的に、そして「世俗的に」沖縄の独自性について語ることは、どうしたら可能になるだろうか。

彼方と過去

かつて、コザで、辺野古《へのこ》で、金武《きん》で、普天間《ふてんま》で、米兵たちと沖縄の人びととの間で、いくつもの物語が紡《つむ》がれ、やがて忘れられ、そしていまでは街は、太陽の光に白く焼け焦げた、静かな廃墟《はいきょ》のようになっている。米兵で賑わっていた店も多くが閉店し、シャッターを閉め、かわりにいま沖縄の街には中国人観光客があふれかえっている。そしてまた新しい物語が紡がれていく。

コザの伝説的なロックバンド「コンディション・グリーン」のボーカルのかっちゃん（川満《かわみつ》勝弘《まさひろ》氏）のバー、ジャック・ナスティーズによく飲みにいっていた。いまでは惜しいことに閉店してしまったけれど、まだかっちゃんが元気で、ジャック・ナスティーズで毎晩生演奏をしていたころは、その歌を聴きながら、いつもテキーラを飲んだ。ホセ・クエルボのゴールドをロックでライムと、とオーダーすると、かっちゃんは「わかってるねえ」と笑いながら作ってくれた。ペイデーの週末（隔週の金曜日に給料が支給される）になると、若い米兵がたくさん来て、だらだらと酒を飲んでいた。たまに一緒に飲むこともあった。

十年ぐらい前だろうか、三十歳ぐらいの、肌を露出《ろしゅつ》して派手に化粧したきれいな女のひとがふたり、ナスティーズで飲んでいた。話をしてみると、横須賀《よこすか》からコザに来たばかりということだった。

あ、そうなの。横須賀から。うん。どうしてコザなの？　ちょっと、ひとを追いかけて。なるほど、マリーン？　と聞くと、笑いながら「そう」と答えた。彼女たちの二人ともか、どちらか一方が、米兵と横須賀で出会って、そして彼は嘉手納《かでな》か普天間に異動になり、彼女たちも米兵を追いかけて、コザの街まで流れてきたのだ。

中部の街では、いつもそこには米兵の存在があった。悲惨な、凄惨《せいさん》な事件が起こることもあったが、同時にそこではいくつもの出会いの物語が紡がれていた。

六〇年代の「沖縄タイムス」をつぶさに読むと、沖縄の人びとの暮らしのすぐ隣に、米軍が存在していたことをうかがい知ることができる。

「白人兵がラジオ盗む」

十八日よる十時半ごろコザ市諸見里《もろみざと》〇〇〇〇さん（二三）方料亭〇〇の帳場から白人兵が、ラジオを盗んで逃げた。〇〇さんが井戸端で洗たくしている居あきをねらわれたもの。さっそくあとを追ったが見失い、取り逃がした。（1961.2.21）

「袋叩きにあう　タクシー賃払わず」

七日午前零時すぎ美里村知花《みさとそんちばな》キャンプコートニー、○○・○○・Bさん（二二）は、コザ市照屋《てるや》○○理容館前で数人の沖縄人にふくろだたきにされて大けが、軍病院に運ばれた。のりまわしたタクシーの代金を払わず、運転手やその仲間に仕返しされたもよう。(1961.9.8)

「米兵がハンドバッグ奪う」

三十日夕六時半ごろ西原村字《あざ》○○商業○○○子さん（二七）は、同字西原入り口バス停留所で米兵に五ドル入りハンドバッグをひったくられた。子どもを胸にだきハンドバッグを前にさげて立っていると通りかかった軍のジープから腕をのばしてひったくって逃げたという。(1961.10.1)

「すれちがい、いきなり乱暴」

三十日よる八時まえ具志川村安慶名《ぐしかわそんあげな》○○○○さん（四七）同村下平良川《しもたいらがわ》○○△△△さん（四八）の二人は、下平良川料亭○○前でマリン兵になぐられ傷ついた。すれちがいざまいきなり○○さんをなぐり、ちかくにいた△△さんにまで乱暴を働いたもの。キャンプハンセン、○○・○○・S（二〇）を容疑者として前原署員が検挙、MPに渡した。(1961.10.1)

「集団で石投げケンカ／勝連でマリン兵と青年」

十九日勝連《かつれん》村○○○○部落で青年とマリン兵が石を投げあってけんか、ケガ人が出た。同日午前二時ごろ、同部落海岸近くを散歩していたマリン兵と、コザ市○○十一班○○○子さんの二人は横路地からとび出てきた青年に棒切れのようなものでメッタ打ちにされ、顔や頭に大ケガをした。

傷ついたマリン兵は同字○○○○さん方雑貨店で酒をのんでいた仲間のマリン兵数人に救いをもとめ、加害者をたずね回った。

たまたま同字○○○○さん方裏空地で遊んでいた事件とは関係のない数人の青年を加害者一味と誤解、ナイフをつきつけてけんかをふっかけたのがこの騒ぎのモト。双方とも石を投げあってわたりあい、マリン兵の一人は顔に大ケガをした。さっそくMPや前原署員が現場にかけつけ、殺気立った双方をとりしずめた。加害者は捜索中。(1961.11.19)

——以上、電子マガジン『αシノドス』で二〇一四年に連載した拙著《せっちょ》「もうひとつの沖縄戦後史」
https://synodos.jp/society/6734 より

酔っぱらって通行人を殴《なぐ》り、ラジオを盗み、タクシー代を踏み倒す米兵たち。そして、集団で殴りあうマリーンと沖縄の青年たち。日本本土だけでなく、戦後の沖縄もまた、人口増加と経済成長のかげに、貧困と暴力と犯罪、そして売春が渦巻いていた。犯罪率は現在よりもはるかに高く、届け出られない事件も含めたら、おそらくそこには膨大な数の暴力が存在していたことだろう。

このようにして、沖縄の米軍の物語は、復帰前の高い経済成長率や犯罪率と重なり合い、独特のノスタルジーのもとで語られることになった。それは野生の沖縄、日本に回収されない独自の沖縄、ハードだが、米兵に体ごとぶつかって金儲《もう》けをしていた、生き馬の目を抜くような沖縄の物語である。一方で米兵による暴力や犯罪があふれ、そして街には売春と貧困がはびこっていたが、他方でまたそこには、米軍用地接収をめぐるあの「島ぐるみ闘争」があり、各地に自然発生した愚連隊《ぐれんたい》による「沖縄やくざ戦争」があり、米兵を騙してでも金を儲けるたくましい沖縄人が存在した。そうした沖縄はおそらく、補助金と観光収入に頼る癒《いや》しの島としての沖縄、「いちゃりばちょーでー」の優しい沖縄人の物語とは、まったく異なるものだ。そして、それらの物語は、沖縄のアメリカを語る政治的な語りと矛盾《むじゅん》しない。たとえば島ぐるみ闘争にも参加し、長年にわたって沖縄の平和運動を率いてきた沖縄の政治家が、なつかしそうに復帰前のことを語る言葉を、私は何度も聞いた。いまの「飼い慣らされてしまった」おとなしい沖縄ではなく、むき出しの、本能的な、野生の沖縄がそこにあったことを懐かしそうに語る声を、沖縄のそこらじゅうで、いつでも聞くことができる。

あるいは、沖縄ロックに象徴されるような、米兵との七十年にわたる出会いのなかで沖縄に根付いてきた独特の文化。タコスとタコライス、ステーキ、A1ソース、コーヒーシャープ、コルゲート、アイスワーラー、A&W、ジミー、Aサインバー。コザのゲート通りやBC通りやパークアベニューに並ぶ英字の看板。映画『ナビィの恋』のなかで登川誠仁《のぼりかわせいじん》が三線《さんしん》で爪弾《つまび》くアメリカ国歌。観光ガイドやパンフレットだけでなく、時として行政自らが観光資源として利用する、これらの「沖縄のアメリカ」はしかし、どこまでも私たちの一方的な意味づけと解釈を拒《こば》む。結局のところそれは、「良いもの」なのか、「悪いもの」なのか。多文化チャンプルー社会としての沖縄の観光資源なのか、それともそれは、すぐに撤去《てっきょ》すべきものなのか。

沖縄戦体験者のオーラルヒストリーのなかで語られる、凄惨な戦闘の記憶と、収容所で口にした米軍糧食《りょうしょく》の記憶。コンデンスミルク、チーズ、バター、ポークランチョン、小麦粉。糸満の、荒々しい外洋に面した断崖絶壁《だんがいぜっぺき》の上にかつて存在した、パーラー・スーサイドという名の食堂。そもそも、現在も沖縄の街の独特の景観をつくりあげているあのコンクリート造りの住宅の様式は、もとはといえば戦後に持ち込まれた米兵のための外人住宅だ。

いまでは、円高や物価の高騰《こうとう》などにより、沖縄におけるアメリカとの出会いの物語は、すっかり静かになった。コザの街は寂れ、米兵たちであふれかえっていた商店街はシャッター街になっている。しかしよく見れば沖縄のいたるところに、かつてこの島の歴史を織り上げてきたアメリカの痕跡《こんせき》がある。古い外人住宅、日にさらされ白く焼けた英語の看板、中国人観光客で満席のステーキハウスの壁にひっそりとかかげられた、額縁に入れられた実物のAサイン。この島のいたるところにその痕跡がある。

「沖縄のアメリカ」の痕跡は、その多くが、一九五〇年代から六〇年代にかけてに残されたものだ。だからそれは、はるか遠い彼方からやってきたというだけでない。それははるか遠い過去からやってきたものだ。沖縄のアメリカは、過去のアメリカであって、現在のアメリカには存在しない。それは逆説的にも、沖縄にしか存在しない。彼方と過去。ここにはふたつの距離がある。

沖縄のアメリカは、まずなによりも、そこに存在してはならないものである。それは沖縄戦で大量の沖縄の人びとを虐殺《ぎゃくさつ》した主体であり、そして戦後も七十年にわたりこの小さな島を占《せん》拠《きょ》する、人殺しに特化したアメリカの国家機関である。殺した側がいつまでも居座っている、しかもそれを熱烈に求めるのが他ならぬ日本政府であるという、この過酷な植民地的状況のなかで、沖縄の人びとは暮らしてきたのだ。それはすぐに撤去《てっきょ》されなければならない。

そして同時に、それはすでに存在してしまっているものである。それは少なくとも戦後初期には、いくらかの貨幣の流通やインフラの整備をもたらした。もちろんそれは、一般に思われているほどの規模ではなく、私が調べた限りでは、復帰前の沖縄の経済成長は沖縄の人びとが自ら成し遂《と》げてきたことであり、その意味で沖縄の人びとはいささかも米軍に対して感謝する必要はない（拙著『同化と他者化――戦後沖縄の本土就職者たち』ナカニシヤ出版、二〇一三年）。しかし、確かにそれが沖縄社会にもたらした利益は、言われているほどのものではないにしても、それでもそれは確かに存在したのだし、現在も存在している。そしてそれがもたらした文化や生活様式は、沖縄のアイデンティティの一部になり、日本社会のなかでのその「独特さ」の重要な要素となっている。それは行政によって観光資源にされることさえあるのだ。

存在してはいけなかったものたちと長い間、沖縄の人びとは共に生きてきた。そしてたくましく柔軟に、その「良いところ」を吸収し、翻訳し、作り替え、我が一部としてきた。いまではそれは、沖縄を語るノスタルジックな物語になっている。

EAK DINING

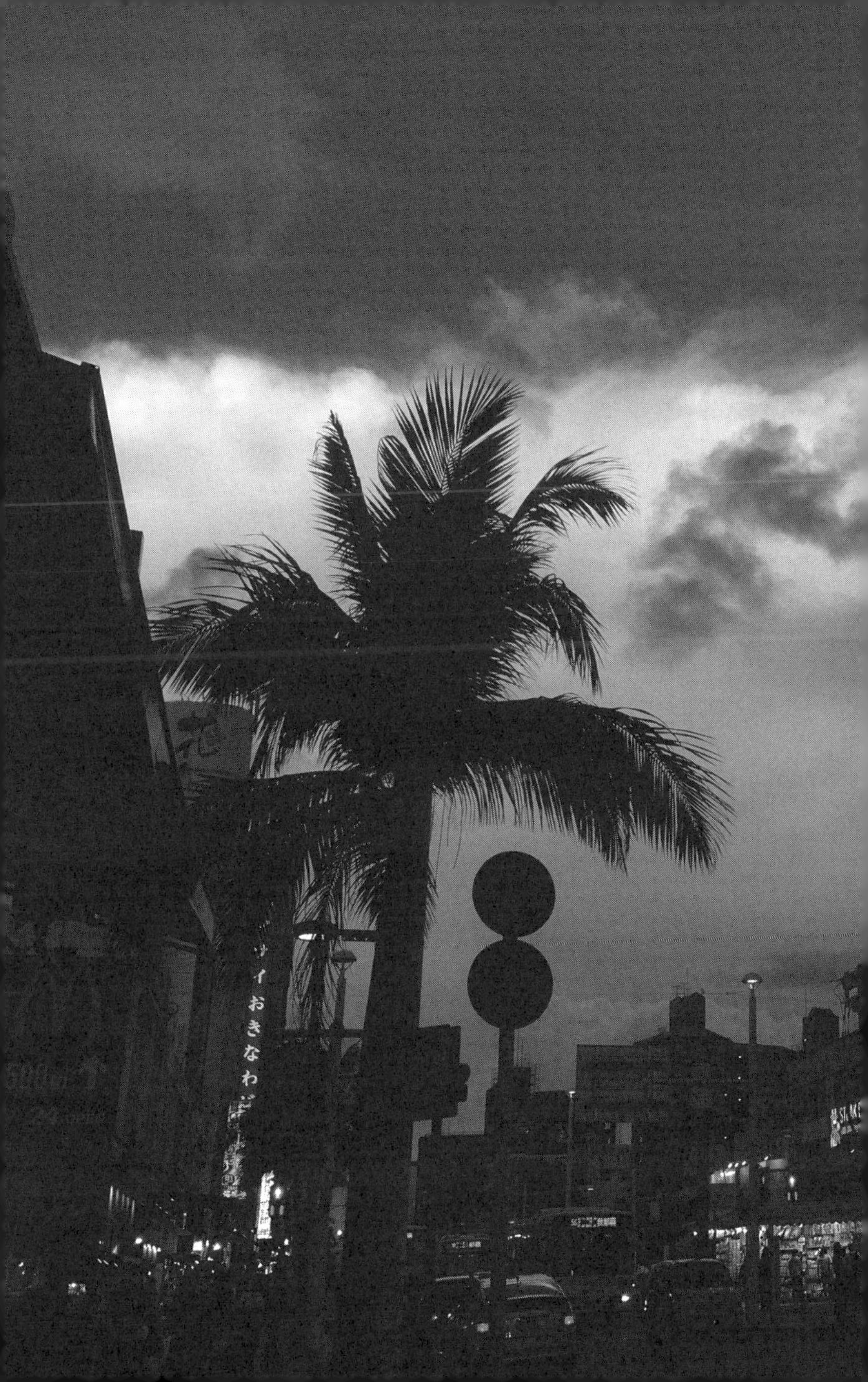
おきなわ

復帰前と比べるとたしかに、沖縄のアメリカはすっかり静かになってしまった。しかし沖縄のアメリカがなくなってしまったわけでは、もちろんない。むしろそれは、その軍事的機能を強化しながら、これまでと変わりなく存在している。ペイデーの夜のゲート通りはいまでも賑やかだし、北谷《ちゃたん》にいけば楽しそうに遊ぶ米兵たちの姿を見ることができる。中部ではコンビニもタクシーも、ドル紙幣をそのまま使うことができる。いまでも沖縄では米兵の存在は日常の一部であり、戦後七十年変わりなく、そこには出会いの物語がある。

そして、米兵や軍属の犯罪もまた、繰り返されている。強姦《ごうかん》や殺人も、絶えることがない。殺されずに済んだであろう人がひとりでも存在する限り、私は沖縄における米軍の存在を肯定できないし、その痕跡を美しいと思うこともできない。それは撤去すべきだし、もうこれ以上ここに存在するべきではない。

いちどだけ、キャンプ・コートニーに入ったことがある。入り口で警備員をしていたのは若い沖縄の男性で、腰には大きな拳銃《けんじゅう》を装着していた。ああ、こういうところに地元の人間を使うんだな、と思ったことを覚えている。

私たちは、基地のなかで毎週おこなわれている英会話教室やボランティア活動を見学するためにコートニーを訪れた。現場にいた若いマリーンの何人かと話をした。ひとりの、どうみても二十歳ぐらいの米兵が、ずっとiPodで音楽を聴いていた。何を聴いてるのと聞いたら、ジャズだという。へえ、どうせスムース・ジャズだろ？　とからかうと、彼は笑いながら怒って、あんなもの聴かないよ、と言いながら自分のiPodを見せてくれた。そこにはコルトレーンやセロニアス・モンクの名前があった。おお、若いのに珍しい。いいよねこのへんの時代のジャズ。しばらく、ミンガスもいいよね、ウィントン・ケリーもいいよねと盛り上がった。

彼はいま、どこにいるだろう。

数年前、学生たちを連れてコザを訪れた。大学の実習の一環《いっかん》で、昼間はいろいろなところを学生たちと取材して、合宿も最終日の夜になり、自由行動にして、数人の学生と一緒にジャック・ナスティーズで飲んでいた。夜中の二時ごろ、かなり酔っぱらって地下の店からゲート通りの路上に出てみると、女子学生が数人、マリーンからナンパされていた。私は焦《あせ》って間に入り、俺は教授で、いま大学の授業で連れてきてるから、そういうのはダメだよと言ったら、その若いマリーンたちはみんなとてもいいやつで、じゃあ教授も一緒にカラオケ行こうよ、と言う。

私は内心、とても行きたかったが、それでも心配なこともあり、もう夜も遅いし、今日は帰るよ、というと、彼らは、先生は何を教えてるの、と聞いてきた。社会学だよ。社会学って何するの？　俺もよくわかんないけど、社会問題について調べたりしてるよ。たとえば基地問題とかね。

　そのまま路上で、女子学生を放ったらかして、若いマリーンたちと喧嘩腰の議論になった。

なんで先生たちは、俺たちの基地の存在に反対するの？　俺たちが沖縄を解放して、道路や橋を作ったんだぜ？

　おお、基地のなかでそういう教育を受けてるのか。あのな、俺たちが頼んで来てもらったわけじゃないんだよ。お前らが勝手に攻めてきて、人をたくさん殺して、占領《せんりょう》して、そのまま居座ってるだけだろ。

　でもな、俺はお前らマリーンは、好きだよ。お前もどうせ、大学の学費や、自分の家族の健康保険のために、ここに来てるんだろ。俺は基地は反対だけど、お前らひとりひとりは好きだよ。

　最後には彼らは、私と握手し、肩を組み、そして私たちはメールアドレスを交換して、いつかまた会おうと言った。先生、大阪なのか。俺、勤務が休みのときに大阪行くよ。うん、必ず来いよ。大阪いいところだよ。たこ焼きっていう旨い食いものがあるんだよ。たこ焼き食って、テキーラでも飲みながら、また話の続きをしようぜ。

　結局メールは来なかったし、私も出してない。路上で殴り書きされた紙切れはとっくにどこかになくしてしまったし、もう彼らの名前も忘れてしまったが、いまも元気でいるといいと思う。どこか知らない国の、どこか知らない砂漠で、虫けらのように吹き飛ばされていないといいと思う。

変化と喪失

沖縄は、どういう場所なのだろうか。沖縄とは何だろう。

繰り返しになるが、この本は沖縄の政治的状況や歴史について、わかりやすくまとめた本ではない。そういう本はたくさんあるので、そちらを当たったほうが確実だ。だからここでは、「沖縄とはどういう場所なのか」ということ、そして、その沖縄は「どのように語られているのか」について考えてみよう。

ひとことで言えば、沖縄の語られ方は、集約すれば次のふたつの「話法《わほう》」がおもに使われている。ひとつは、沖縄は「独特の」場所であるということ。そしてその独特である沖縄は、「失われつつある」ということ。

まず、沖縄は、もともとは日本とは別の国だった。あるいは、(「民族」という言葉の定義にもよるが)、別の民族だったと言ってもよい。もちろん、現在は少なくとも形のうえでは沖縄は日本の一部であり、ほかの都道府県と、その法的地位において何も変わらない。しかし、その歴史や文化、慣習、社会のあり方は、ほかの地域とかなりかけ離れている。あるいは、そう語られている。もちろん、沖縄は、はっきりと別の国、別の民族に分けられるほど単純ではない(だからこそそれについて「考える」ことが必要だ)。しかし、他の地域とはかなり異なるアイデンティティを持っているように感じられる。

さらに、この独特の文化や習慣や社会規範は、昔はあったが今はもうないもの、いままさに失われつつあるものとして語られる。沖縄の文化を破壊しているのは、米軍や日本からの影響であると言われる。

次の文章は、一九八三年の『浦添市史《うらそえしし》』に沖縄民俗学の第一人者だった仲松弥秀《なかまつやしゅう》が寄せた序文である。


住民あっての町村・市であるということは、何も今に初［原文ママ］まったものでは無く、遠い昔から当然なことでありながら、それが当然だと気付くようになったのは最近のことです。残念ながら気付きようが遅きに失したと言えましょう。それがひと昔前でも気付きが早かったら、われわれ住民や村の生活史が、よりいっそう明らかにすることができたはずだと思います。

……御存知のとおり浦添は、戦前には那覇・首里《しゅり》周辺の小禄《おろく》・豊見城《とみしろ》・真和志《まわし》と同じく、純然たる農村地域であった。それが戦場となって、祖先以来経験したことのない人間無視の大被害に会った。そして浦添には米占領軍によって……集落と農耕地・原野はもちろん、信仰の中心となっていた御嶽《うたき》や拝泉に到る全部が強制収用され、そこに米軍資材の大倉庫基地が建設されるようになった。

………自己の土地を売却し、まとまった金銭を取得して農業を捨て、転業するようになったのが従前からの浦添市民でしょう。いわば大地と関連のもとに生きてきた今までの浦添住民であったものが、大地と手を切った住民に変わり、個人所有の土地はもちろん村共同体の聖地までが売却されるようになったといえる。都市化現象は日本復帰によって、また那覇市域の充満も重なってますます浦添市に襲来強化されてきました。バイパス道路の開通、首里から宜野湾《ぎのわん》市に通ずる道路に沿うて、住宅・商店・各種業務の大小の建物が日に日に増加してきました。それに伴って緑地が消えていきました。こうした変化、すなわち農村地域から大地と離れた都市になった浦添市に変わったことによって、その民俗にも大きな変化が見られます。この第四巻『浦添の民俗』各章にはこれら民俗の変貌《へんぼう》が到るところに記録として残してあります。（浦添市史編集委員会『浦添市史 第四巻資料編3 浦添の民俗』浦添市教育委員会、一九八三年、十四〜十五頁）

この、「失われつつある沖縄」のすべての起点に、沖縄戦と米軍占領がある。本来の沖縄、本当の沖縄は、あの沖縄戦とそれに続く米軍の統治によって、失われてしまったのだ。そしてさらに、日本への復帰がとどめをさす。

これもよくある言い方だが、沖縄戦直後の米軍による占領が、古き良き沖縄の破壊と同時に、近代的なインフラをもたらした、という説がある。

前章でも書いたように、若いマリーンまで含めて、基地の中では、自分たち米軍が沖縄の人びとを軍国主義日本から「解放」して、インフラも作ってやり、教育も施《ほどこ》してやった、ということになっていて、新兵に対してそういう教育がなされているようだ。

もちろん、それは間違っていない。そういう面もある。そして、それによって「古き良き沖縄」が失われていった、ということもあるだろう。しかし、それだけではない。

つまり、こういうことだ。古き良き沖縄は、戦後の高度成長期に解体され、破壊されてしまった。その原因となったのは、米軍や日本という、「外からの要因」だ。しかし、そう考えてしまうと逆に、「戦後の沖縄で近代的なインフラが整ったのは米軍のおかげ」という説に反論ができなくなってしまう。「米軍が古き良き沖縄を破壊した」という物語は、「米軍のおかげでインフラが整った」という物語と、表裏一体なのだ。

だから、戦後の高度成長期の沖縄で何が生じていたのかを、じっくりと考える必要がある。

次の語りは、一九五二年生まれの男性のもので、中学を卒業した六七年ごろの沖縄の様子を語っている（拙著『同化と他者化』一三〇―一三一頁）。

――「中卒ですぐ就職する場合、やっぱりほとんど本土ですか？」

いや、ここらへんでも相当仕事あるのに。まあ、職種はかぎられてはいるわけさーね、大工さんが主さね。大工さんとか左官屋さんとか。土木。土木ってその当時なかったな、土木って新しい仕事だな……だいたいもう九〇％、大工にいってるね。（大工が多いのは沖縄）全体ですよ。

……（最初の就職は）こっちで、こっちで。地元で。いまと一緒、電気工事屋。これは友だちがいた。友だちの叔父さんが仕事してたから。だから仕事は、その当時なんでも、いくらでもあるんだから、遊ぶ人っていないわけさーね。遊んでるやつ見つけたら、おいでおいでって（声がかかる）。

この男性は六七年に中学を卒業したあと、職業訓練学校を経て、知人のつてをたどり、内地に対する純粋な憧れから、友人たちとともに大阪の会社に就職する。滞在していた一年半のあいだ、同郷の仲間たちと会社の寮で共同生活をしていたという。それは「本土就職」というよりは、もっと気楽な、すこし長い「修学旅行」のような生活だった。
戦後の高度成長期は、日本本土にだけではなく、沖縄にもあった。特に六〇年代は、ここで語られているように、「いくらでも仕事があった」。

一九七〇年代まで、米ドルに対する沖縄の物価は異常なほど安かった。沖縄の米兵たちは週末になるとドルを片手に基地周辺の夜の街へと繰り出し、沖縄社会にカネをばらまいていた。コザの街で聞き取りをすると、必ず語られる定型的な復帰前の物語がある。あらゆる酒場に米兵が大挙してつめかけ、ドル紙幣を収納するレジがすぐにいっぱいになり、カウンターの下に置いたダンボール箱にドル紙幣を詰め込み、その上から靴で踏んでいた、という物語だ。

戦後、特に復帰前の六〇年代の記憶は、きわめてノスタルジックに語られる。急増する若年人口と低い失業率にささえられ、沖縄経済はたくましく成長していた。都市は拡大し、消費も旺盛で、生活スタイルが急激に近代化されていた。多くの若者が大阪や東京に移動し、都市の文化を吸収して、大量にUターンしてきた。都市の生活に触れた若者たちは、その文化を沖縄に持ち帰り、沖縄社会を根底から変えていく。

戦後の沖縄は、とにかく「景気が良かった」のだ。このことは、戦後の沖縄について書かれている本のなかでも、あまり強調されることがない。しかし私は、この事実はとても大事なこ

KM20-10001

プラモデル・ラジコン
HOBBY SHOP

とだと思う。

復帰前の沖縄の失業率は、一〜二％と、きわめて低い水準で推移していた。経済成長率も毎年九％前後で、日本本土に比べて遜色《そんしょく》がなかった。戦後の沖縄経済は、急激に、力強く成長していたのだ。この成長をもたらしたのは、もちろんその初期においてはエロア資金・ガリオア資金などで米軍から供給された大量の貨幣だが、基本的には沖縄の人びとによる個人消費と民間設備投資と住宅投資だった。そしてさらに、この活発な消費と投資をもたらしたのは、戦後の沖縄の爆発的な人口増加である。

沖縄県の人口は一九二〇年代から五十七万人前後で安定していたが、戦後になってこれが急激に増加した。一九五〇年には七十万人、一九六〇年には九十万人、復帰直後の一九七五年には百万人を超えている。那覇市に限ってみると、戦前までおよそ十万人の人口が維持されていたのだが、一九六〇年には二十二万人とおよそ倍に、そして一九七五年には三十万人まで増えている。那覇市、浦添市、宜野湾市、沖縄市の四市合計では、一九四〇年の十五万人から、一九七五年には五十万人にまで増加しているのだ。

この人口増加が、那覇やコザなどの都市部への人口流入を引き起こし、住宅の建設や設備投資が相次いだ。企業は人手不足となり、ほぼ「完全雇用」を達成していた。そしてその都市部の人手不足が、さらなる人口流入を招くことになった。こうして経済成長が加速していったのである。この好景気は七〇年代の半ばにいったん終了するが、その原因は海洋博ショックだけではなく、人口増加の鈍化にもよるのではないかと考えている。（以上、拙著『同化と他者化』参照。）

六〇年代の本土就職を経験された方の聞き取りでは、実際に「復帰前はとても景気がよかった」という語りがしばしば聞かれた。本土に就職しなくても、地元にいくらでも仕事はあったけど、東京に憧れて本土就職したんですよ、という語りが、ほんとうによく語られた。

占領初期に米軍がいろいろな資金を投入したりインフラを整備したり、ということはあったかもしれないが、私はそれを過大評価する必要はないと思う。戦後の沖縄は、たくましいウチナンチュたちの力によって、劇的に成長したのである。そして同時に、六〇年代の那覇は、スラムが拡大し、犯罪が増加し、暴力や貧困や売春がはびこる、ハードな街だった。よくも悪くも、戦後のウチナンチュたちは、タフで、貪欲《どんよく》で、一生懸命だった。

戦後のベビーブームで激増した人口は、なだれを打って那覇都市圏へ流入した。人口と世帯数の増加にともない、住宅事情が悪化し、スラムがひろがった。住宅需要は設備投資や雇用の増加を生み、それが再び人口集中のプル要因となる。

このようにして、人口の増加と那覇都市圏への集中が戦後沖縄の経済成長を牽引《けんいん》していった。この経済成長は、本土復帰や海洋博後の需要の冷え込みよりもむしろ、北部や離島などの周辺部分での過剰人口の解消によってブレーキがかけられた。

戦後から復帰にかけて、米軍の存在が沖縄の経済にどのような影響を与えていたのか、正確に理解することは難しい。六〇年代には沖縄の県内総生産にしめる米軍関係受取の割合がかなり高かったことは確かだ。しかし、駐留米軍からの直接の受取や、占領初期のガリオア・エロア基金などの流動性の供給がその成長のトリガーになっていたにせよ、戦後を通じた沖縄経済の力強い成長の主要な部分は、沖縄県民の増加と都市部への集中によってもたらされたと捉《とら》えることができる。

要するにこういうことだ。戦後の沖縄の経済成長と社会変化は、おそらく米軍の存在がなくても、自分たちの人口増加と集中によって成し遂げられただろう。このことをさらに言い換えれば、次のようになる。沖縄は、米軍に「感謝する」必要はない。この成長と変化は、沖縄の人びとが、自分たち自身で成し遂げたことなのだ。

米軍のおかげなんて思わなくてもよい。沖縄は、沖縄人が自分たちで作り上げてきたのだ。

人口が爆発的に増加し、急激に那覇やコザの都市圏が拡大し、沖縄社会が沸騰《ふっとう》していた一九六三年のこと。現在の「優しい沖縄」からは想像もつかない事件が起きた。長くなるが、とても興味深い事件なので、以下に当日の『沖縄タイムス』の記事を引用する。

「少年院でまた暴動／四十三人逃げる／教官もなぐられケガ」

十二日午前十時前、コザ市山里にある琉球少年院から四十三人の収容少年が金網へいに毛布をひっかけて逃走。数人は少年院前においてあった乗用車にのって逃げた。少年院からの連絡でコザ署では全刑事と外勤の一部およそ五十人の制私服警官を動員して少年院を警戒《けいかい》、逃走少年の捜査に当たっている。同正午までに逃げた少年のうち十一人はコザ署員に捕まり、連れもどされている。また少年たちの騒ぎをしずめようとして三人の教官が殴られてケガした。同少年院はさる八日夜、一部少年の騒ぎがあって第一寮のガラスをこわしたり火をつけたりして騒いだばかり。四十数人にのぼる集団逃走ははじめてのことであり、一時はパトカー五台や警官にMPをまじえ、ものものしい警戒だった。事態を重くみた法務局久貝《くがい》局長、小堀次長もさっそく十一時すぎ少年院にかけつけ事情を聞いた。

同朝十時、少年院ではこの日退院する少年四人の退院式を行なう予定で収容少年百人余りを中庭に集めていた。そこへ教室にいる中等科生徒の間から騒ぎがもち上がり、森山院長や職員数人がかけつけしずめようとしたが、十人前後の少年たちが興奮して口々に「何故しずまるか」「もっとやろう」「臆病者《おくびょうもの》」などと叫んで、居合わせた少年たちをけしかけた。テーブルを叩いたり、棒切れをふりまわして暴れ、とめに入った教官もつぎつぎに殴られ、○○○○教官（三二）と○○○○○教官のふたりが唇や顔、手にケガした。

このあと騒ぎの中心になった少年たち三十数人は第一寮の後側金網塀に毛布をもち出してかけ、職員の見ている間でつぎつぎにさく外に逃走した。

勤労の教官は六ヶ所の要所の見張りに六人、広場に十人がつきそっていたが、どうにも手のつけようがなく十時十五分ごろ連絡でコザ署の警官隊が出動した。警官隊は事情を調査するとともに逃走少年の行方を追っているが、十一時までに八人をつれもどした。

通行中の車を強奪《ごうだつ》／運転者をひきずりおろし

この集団暴動事件でコザ市山里地区にある福祉長屋近くで、那覇市××行商○○○○さん（三七）が、少年たちに車を強奪された。十時すぎ少年院から脱走してきた四、五人の少年たちは○○さんの小型四輪車をみるといきなりおそいかかった。持っていた棒切れで運転手の○○さんをめった打ち、車からひきおろし、さらに助手台に乗っていた婦人も放りだして、車を持ち逃げした。

具志川村赤道《あかみち》近くで五人の少年は手配中の前原署員に捕まりつれもどされた。

つれ戻す途中また暴行

午前十一時すぎつれもどした少年を、新しくできた寮に移そうとしたところ、さわぎ、職員の○○○○さん（二五）が、S少年（一八）らに袋だたきにされた。待機中のコザ署捜査課員がS少年とT少年（一八）の二人を暴行傷害現行犯で逮捕、身柄をコザ署に留置した。

少年たちは殺気だち、職員の説得もほとんど受け付けなかった。なぐられた○○さんは、左目と上口びるにおよそ一週間のケガ。

父兄Aさん（五○）の話

戦争がおこったのかと思うほど施設内は殺気だっていた。少年たちは、最初に窓ガラスをたたきわり、その後職員を追っかけていた。一人残らず棒切れを持ち、先生方も逃げるのが精いっぱいのようだった。こんなさわぎははじめてです。まだ胸がドキドキしています。少年院は静かな場所だと思っていたのに……。（1963.4.12）

「二十二人つれ戻す／少年院の脱走／刑事動員、盗みを警戒」

ズボン盗み、部落民に包囲さる

少年院からの逃走時のうち三人（いずれも十九歳）が、十二日午後五時四十分ごろ、豊見城《とみぐすく》村字真玉橋《まだんばし》近くの俗称チネン森で警本パトカー二台と××部落民約三十人につかまった。三人は同日午後五時半ごろ、××部落の民家の物干からズボンを盗んで逃げるのを部落民がみつけ、ドロボー、ドロボーと追っかけたところ森の中に逃げた。一一〇番に訴えるとともに野良仕事していた人たちも手に棒やカマをもって追っかけ、二手にわかれて包囲、森の茂みにひそんでいるところをパトカーの乗務員にとりおさえられた。三人はコザからタクシーで那覇まで逃げてきたといっている。

多い脱走、三十七回も
少年院が六二年一月からこれまで逃走児を出したのは、三十七回、こんどの四十二人が最高で、六二年十二月二十七日に十人が集団逃走した。三十七回のうち集団逃走は、四十二人一回、十人一回、六人二回、四人五回、三人四回となっている。

逃走少年大ケガ／盗んだ車／ハンドル切り損じ転覆
十日琉球少年院を集団脱走した少年のうちの三人が、車を盗んで逃走中転覆《てんぷく》、一人は大ケガをしてコザ病院に収容されたが重体、という事件が発生した。
警察の調べによると、読谷村《よみたんそん》出身のN少年を中心にしたC少年、T少年の三人は十三日午前四時ごろ読谷村古堅《ふるげん》の外人住宅地域から外人所有の乗用車マツダクーペ一三〇五八を盗んで、一号線を名護《なご》に向け逃走した。恩納村《おんなそん》山田にさしかかったところ前方から軍パトカーと民警の白バイがくるのを発見、あわてて六号線へ右折、読谷村内へスピードアップして逃げた。ところが、六号線長浜橋近くで運転者のN少年がハンドルを切り損じ、三人は車もろとも橋の下に転落した。N少年は頭を強く打ち、意識不明のまま現場に置き去りにされたが、午前五時四十五分ごろ通行人が発見、嘉手納《かでな》署員がかけつけ、コザ病院に収容した。

現場から逃げた他の二少年は午前八時ごろ読谷飛行場近くをうろついていたが、訴えでうち一人を〇〇駐在巡査がとりおさえ、残る一人も午前八時半ごろつかまえた。一人はほとんど全身に打撲傷《だぼくしょう》をうけている。

なおN少年は危篤《きとく》状態であるため、少年院から家族に連絡、容体を見守っている。

(1963.4.13)

――以上、前掲（八十六頁）「もうひとつの沖縄戦後史」より

少年院で暴動が発生し、四十名以上の収容者が途中で車を強奪するなどをしながら集団で脱

走した、というニュースだ。現在の沖縄の「優しい」イメージからはかけはなれた事件が、実際に起きたのである。

そのほか、戦後の沖縄の新聞をめくってみると、暴行、傷害、殺人、窃盗《せっとう》、売春といった犯罪や、貧困、スラム、不衛生などがはびこっていたことがわかる。

こうした「極端な」事例は、もちろん当時の（そして現在の）沖縄の人びとの規範や価値観や生き方を代表するものではないが、それでもなお、戦後の沖縄社会の空気や雰囲気を十分にリアルに伝えてくれる。そしてそれは、私たちの沖縄イメージをくつがえすものだ。

沖縄戦が終わり、米軍に占領されることで始まった戦後の沖縄社会は、人口の増加や都市の拡大などによって、沖縄の人びとが「自分たちで」作ってきたのである。戦後の沖縄人は、たくましく、強く、したたかだった。急激な都市化や近代化にともなうアノミーによって犯罪や暴力が蔓延《まんえん》するなかで、沖縄の「自分たちのことは自分たちでする」という規範が形成されたのである。

沖縄的なものとは何か。沖縄に独特の文化や慣習、社会規範は、どのようなものだろうか。沖縄の規範や価値観や生き方を、本土のそれと比較した研究は、実は意外にもそれほど多くない。しかし、そのうちのひとつに、安藤由美らによる調査がある。

安藤由美らの調査グループは、二〇〇六年に沖縄県内で大規模な統計調査をおこなって（「沖縄総合社会調査二〇〇六」）、沖縄の社会意識を浮かび上がらせた（安藤由美「沖縄の家族意識――全国データとの比較を通して」、安藤由美・鈴木規之（編著）『沖縄の社会構造と意識――沖縄総合社会調査による分析』、九州大学出版会、二〇一二年）。詳しくはこの本を実際に当たってほしいが、本書におさめられた論文のなかで、安藤は沖縄の人びとの「家族規範」の強さについて指摘している。

いくつかの調査結果を、同じ年の本土での調査と比較しているが、そのうちの二つの調査項目に限って、ここで簡単に紹介したい。その項目のひとつは、「一般的にいって、結婚していない人よりも結婚している人の方が幸せである」という質問である。そしてもうひとつは、「親が寝たきりなどになった時、子どもが介護するのは当たり前のことだ」という質問だ。以下に、「そう思う」「どちらかといえばそう思う」と答えられた割合を、本土のそれと比較してみよう。読みづらいかもしれないが、それぞれの質問への答えのうち、「そう思う」「どちらかといえばそう思う」の割合を並べて見てみる。

「一般的にいって、結婚していない人よりも結婚している人の方が幸せである」

沖縄

30代 男性	そう思う 36.1%	どちらかといえばそう思う 36.1%	合計 72.2%
40代 男性	39.8%	38.0%	77.8%
50代 男性	47.9%	28.6%	76.5%
30代 女性	17.6%	36.1%	53.7%
40代 女性	28.9%	39.5%	68.4%
50代 女性	40.0%	28.4%	68.4%

全国

30代 男性	賛成 11.5%	どちらかといえば賛成 41.2%	合計 52.7%
40代 男性	11.8%	51.4%	63.2%
50代 男性	16.7%	51.1%	67.8%
30代 女性	3.8%	31.6%	35.4%
40代 女性	7.3%	38.3%	45.6%
50代 女性	9.1%	43.4%	52.5%

「親が寝たきりなどになった時、子どもが介護するのは当たり前のことだ」

沖縄

		そう思う	どちらかといえばそう思う	合計
30代	男性	40.7%	38.9%	79.6%
40代	男性	44.4%	28.7%	73.1%
50代	男性	47.9%	21.8%	69.7%
30代	女性	38.0%	38.9%	76.9%
40代	女性	36.8%	37.7%	74.5%
50代	女性	32.6%	31.6%	64.2%

全国

		そう思う	どちらかといえばそう思う	合計
30代	男性	34.8%	45.5%	80.3%
40代	男性	29.6%	50.7%	80.3%
50代	男性	29.6%	44.6%	74.2%
30代	女性	25.2%	50.4%	75.6%
40代	女性	22.0%	48.2%	70.2%
50代	女性	19.6%	43.5%	63.1%

「そう思う」「どちらかといえばそう思う」を合計すると、カテゴリーによっては沖縄と本土との差が開かないところもあるが、全体として、「どちらかといえば」よりも強く「そう思う」

を選ぶものが多くなっている。以上の結果をもって、安藤は次のように述べている。「……家族意識については、沖縄データでは、結婚の必要性、理想とする子ども数、老親の扶養《ふよう》といった、今回扱ったほとんどの項目で、全国データよりも高い肯定率《こうていりつ》を示していた。つまり、沖縄の人々は相対的に家族に対して高い価値を置いていることが明らかになった」（四十二頁）。

谷富夫は以前、沖縄的社会規範の特徴として、「家族主義」「相互主義」「自力主義」の三つをあげている。相互主義はわかりにくいが、地縁などに基づいてお互いに助け合う「相互扶助《ふじょ》主義」である（谷富夫『過剰都市化社会の移動世代――沖縄生活史研究』渓水社、一九八九年）。家族主義と相互扶助主義に自力主義が入っていて、構成が複雑だが、地縁や血縁のつながりのなかでお互いに助け合って生きる生き方と、資格や技術を身につけて「自力」で生きる生き方を、谷富夫は生活史調査を通じて「沖縄らしい生き方」であるとしているのだ。助け合うにせよ、自力で生きるにせよ、共通しているのは「お上《かみ》に頼らない生き方」である。

沖縄的なものは、外から来たものたちによって踏みにじられ、変容をせまられることがあっても、奪われてしまったり失われてしまったのではない。沖縄の人びとは、戦後の沖縄社会を、自分たちで作り上げてきた。そして、そのなかで、お上に頼らずに自分たちで生きる生き方を選びとってきたのである。

沖縄のはじまり

次の語りは、一九三一年那覇生まれの男性のものだ。沖縄戦当時は十四歳で、戦況が悪化するなか、空襲と艦砲射撃《かんぽうしゃげき》と地上戦を避けるために、家族と一緒にやんばる（本島北部）の山のなかに避難していた。

向こう（やんばる）は日本軍はいないんだ。その代わり、「トンボ」が飛んでくる。今のヘリコプターみたいな。それが偵察《ていさつ》にくる。

そして、子供が泣くと、周囲から「この子供、泣くから殺しなさい」って。山の中でそんなして亡くなった子供たくさんおる。

家の一番末の弟がおる。いま七十一（歳）ぐらい。そのときまだ一歳ぐらいで、隣の人が、「こりゃ泣くからもう殺しなさい」って。そしてうちの母親も、「もうみんなが言うから仕方がないなぁ」と言って。うちをつれて、殺す前に物をたくさん食べさせようと。山桃があった。あれをとって食べさせて、それから殺そうと、母親が俺に言った。

そしたらうちの母親が、実を採るために、桃の木のほうに登って行ったんだ。私は弟と、それをそばで見とった。

そしたら母親が、何も言わないで、ゆっくりゆっくり降りてきたんだ。なぜ降りてきたかというと、こんな大きなハブが、とぐろを巻いてね、枝と枝の間におるんだよ。「あれ見てごらんハブだよ、大変だね」って。弟を連れて、またもとの所に帰ったんだ。

そして帰ってきたらなんと言われたか、「殺せといったのに殺せなかったのか」といったら、「いやぁ、もうこんなとこで、飯も食べさせないで殺すわけにはいかないんだよ、連れて帰ってきたよ」っていったら、みんな納得はしないけども、まあ了解はしてるわけだよ。それで（弟は）今まで（七十一歳まで）生き延びてるんだよ。（以下、本章での沖縄戦体験者の語りはすべて、私がまとめた報告書『那覇の人生――こうして生きてきた』（二〇一五年度龍谷大学社会調査実習報告書）より引用。なおこの本は改めて出版される予定である。）

ここ数年、私はいくつかの老人クラブにご協力をいただき、沖縄戦の体験を聞き取るということをしている。私は特に、沖縄戦そのものの経験だけではなく、終戦後からいまにいたるまでの生活史の物語を聞き取っている。あの戦争を生き延びた方々が、子や孫を育て、たいへんな苦労をして、いまの沖縄をつくってきたと思うからだ。沖縄戦の凄惨な、残酷《ざんこく》な、地獄のようなお話から、戦後は一転して、平和な日常の生活の語りになる。

聞き取りをしていて、よく言われるのが、「私なんか特にお話しするような体験もなくて」

という言葉だ。ここで詳しく書くことはできないが(興味のある方は、ぜひご自身で調べてみてほしい)、日本国内でもほとんど唯一の大規模な地上戦であった沖縄戦では、ふだん暮らしている街や村が戦場になり、非戦闘員の一般市民に膨大《ぼうだい》な犠牲者が出た。住民たちは、空襲や艦砲射撃、あるいはせまり来る地上部隊から逃れるために、ある人びとはやんばると呼ばれる沖縄本島の北部へ、またある人びとは糸満を中心とする南部へと、着の身着のままで逃れていった。しかし、鬱蒼《うっそう》とした亜熱帯のジャングルに覆われた北部では、飢餓《きが》やマラリアに苦しめられた。南部も激戦地となり、「山の形が変わる」ほどの爆弾が投下されるなかで、女性や子どもや老人をふくめた多くの人びとが殺された。

沖縄戦のオーラルヒストリーは、これまで大量に蓄積されている。多くは、激戦地を中心とした、残酷な話だ。しかし、当時の沖縄の人びとが、全員同じ経験をしたわけではない。戦闘がほとんど行われなかった離島に住んでいたひともいるし、北部の山奥で、無事に避難生活を送ったひともいる。あるいは、熊本や鹿児島に疎開《そかい》していたひとも多かった。

沖縄戦の聞き取りでは、その対象を、特に激戦を経験したひとには限定していない。とにかく、ご紹介いただいた方には、可能な限りお会いして、お話を聞き取っている。そして、聞き取りの内容も、沖縄戦だけではなく、戦後の復興期から、復帰前の高度成長期、復帰後のバブルやその後の不景気を経て現在まで続く「生活史」を聞くようにしている。

だから、聞き取りのときに、よく言われる。私は疎開していたので。北部に避難していたので。離島にいたので。それほどお話しできることはありません。

だが、私は、できるだけ区別したくない、と思う。家族が目の前で次々に死んでいくような、腐乱《ふらん》した死体を素足で踏んで歩くような、血で黒く染まった水たまりの水をすするような経験と、離島や北部や内地の疎開先での経験を、区別したくない。それらはたしかにそれほど凄惨《せいさん》ではないかもしれないが、それでも、それは沖縄戦の経験だ。それも沖縄なのだ。

どの経験も、どの物語も、すべて沖縄である。

聞き取りの目標を百名にして、いまこの文章を書いている現在、四十名ほどの方から聞き取りをしているが、そのなかで数名の方が、共通して「空襲のとき、那覇港の石油タンクが燃えて、その光がここまで届いた」という話を語っていた。小禄のほうまで、あるいはもっと遠く、首里のほうまでその光が見えたという。

この語りは、県史などの他の資料でも語られている。おそらく当時の那覇周辺の人びとの多くが目にした光景なのだろう。あのとき、膨大な人々がほんの一瞬だけ、同じ音を聞き、同じ方向を向いて、同じ火を見たのだ。

だが、その瞬間はすぐに過ぎ去り、違う人生が再び始まる。語り手の方々はみな、筆舌《ひつぜつ》に尽《つ》くしがたい苦労を経て、それぞれの道を歩んだ。その道は、沖縄中、あるいは日本中・世界中に分岐し、枝分かれして、そのほとんどは二度と交差することがなかった。

語り手の方々が語る人生の物語は、まさに沖縄戦後史そのものである。戦争が終わり、戦後復興期もやがて過ぎ、高度成長と復帰運動の時代になり、そして復帰後の不景気を乗り越え、バブルを経て、現在の沖縄へと連なる、個人史の長い物語が語られるのだ。

あの火を目撃した人びとは、その後のそれぞれの人生のなかで、公設市場の八百屋になり、県庁の公務員になり、タクシードライバーになり、本土に出稼ぎに出かけ、琉球大学を卒業して教員になって、それぞれの長い人生を歩んでいく。

そして私は、そうした人生の物語に、小さな公民館で、国際通りのカフェで、あるいはご自宅で、ゆっくりと数時間、耳を傾ける。あの瞬間に一瞬だけ同じ火を共に眺《なが》めた人びとが、それぞれの長い人生の軌跡を経て、たまたま私と出会い、あのときに見たあの火の話を語る。七十年という時間を経て、火の視線はもういちど交差する。

沖縄とは、沖縄の人びとのことである。個人的な生活史を聞き取りながら、いつも私は、東シナ海に浮かぶこの島が辿《たど》った歴史について考えている。

沖縄戦の「語り方」には、いつのまにか、ある「形式」ができあがっているのかもしれない。しかし私は、どんな経験も、どんな人生も、語るに値しないものはひとつもない、と思う。この方々が戦争をくぐり抜けて、生き延びて、そしていまの沖縄がある。いまの、一四〇万人の沖縄がある。みんなあの方々の、子や孫やひ孫なのだ。

　那覇の街を歩いていて、お年寄りの方とすれ違うときいつも、この方はどういう人生だったんだろう、と思う。


　ほんとうに、いろんなことがあったんだな、と思う。南部の激戦地をくぐり抜けた方、やんばるで山中に避難された方、離島でマラリアに苦しんだ方、九州の疎開先で空襲を経験した方。さらに戦争体験だけでなく、戦争の後、いまに至るまでの生活史。戦後、収容所の中で始まった沖縄の暮らしは、その後の経済成長と人口増加がもたらす都市化や産業化によって大きく変化していく。ドル時代や復帰運動、復帰後の不景気とその後のバブル景気などの時代背景に絡めて、戦後を生きてきた方々の、個人的な人生の記憶が語られる。

　ある方のご自宅で、聞き取りをしたときのこと。お茶やコーラやお菓子をたくさんいただきながら、激戦の南部を徒歩で逃げ惑《まど》ったお話を聞いた。地上戦が始まってから、近所の親戚が集まり、二十数名で那覇を出発したのだが、最終的に南部のある場所で米兵の捕虜《ほりょ》になる頃には、五名まで減っていた。沿道では、まだ生きているが動けなくなった人びとの、助けを求める声がずっと聞こえていたという。

やがて戦後の話になり、結婚して、子どもが生まれた話になる。戦後も大変な苦労をして、子どもたちをみんな大学に進学させた。いまでは、孫やひ孫がたくさんいる。

そのとき初めて気づいたのだが、ふと壁を見ると、大きな家族写真がきれいにプリントされ、額に入れて飾られていた。何枚も何枚も、壁一面に、子どもや孫、ひ孫の写真が飾られていた。孫やひ孫の話題になったとき初めて、笑い声が出た。

しかし私は、そこで語られた言葉が、耳から離れない。たくさんの子や孫の写真が飾られている居間に座って、その写真の前で少しずつ、声を絞《しぼ》るように、あの戦《いくさ》の話が語られた。語りの途中で、私は何度も、名前を呼ばれた。岸さん、岸さん。日本は、戦争の被害者じゃないんです。加害者なんです。岸さん。この方は戦後はタクシーの運転手になって、家族に囲まれ、いまは平穏《へいおん》な暮らしを送っている。私は、自分の名前を呼ばれたことを、一生忘れないと思う。

本章の冒頭の語りは、こういう話だ。沖縄戦のさなか、米軍の攻撃を避けるために、ガマと呼ばれる洞窟《どうくつ》にたくさんの住民が避難した。子どもや赤ちゃんが大きな声で泣き叫ぶと、それで敵にみつかってしまう。だから、親たちは自分の子どもや赤ちゃんを、自分たちの手で殺した。そういう話が多く語り伝えられている。そして、殺せと命令したものの多くが、日本兵だったという。

やんばるの山のなかの、即席でつくられた粗末な避難小屋で、泣いている一歳の子どもを殺せと言われた母親が、最後にせめておいしい果物を食べさせようと、ヤマモモの木に登って実を採ろうとする。しかし母親は何も持たずに降りてきた。なぜ殺さないのか、とまわりの人びとに詰め寄られた母親はこう答える。「いやぁ、もうこんなとこで、飯も食べさせないで殺すわけにはいかないんだよ、連れて帰ってきたよ。」

母親がヤマモモを採るために登った木には、ハブがいた。とぐろを巻いているそのハブを見て、母親は子どもを殺さずに、連れて帰ってきた。

なぜだろう、と思う。何があったのだろうか。ハブを見て、それで「正気に戻った」のだろうか。そこで実際に何が起きて、母親が何を見て、どう思ったのか、誰にもわからない。ただ、この語りを聞いたものの記憶には、ヤマモモやハブを通じて、やんばるの鬱蒼《うっそう》とした森の風景が残り続ける。

沖縄県のウェブサイトの「林業」のページには、「有用植物」としてのヤマモモの記述がある。もとからそれは、沖縄の人びとによって食べられてきた。そのページによれば、ヤマモモは県内各島に分布していて、花が咲くのは一月から二月、そして実がなるのが、四月から五月とされている。

沖縄戦は、一九四五年の三月にはじまり、六月に終わっている。その後半の時期は沖縄の梅雨で、亜熱帯の森にはずっと雨が降っていたという。そしてそれはちょうど、ヤマモモが実をつける季節だったのだ。ウェブサイトには、ヤマモモの実がなっている写真が載せられている。濃い緑の、細長い葉が広がる根元に、小さな赤い実がたくさん集まって房になっている。あの凄惨な砲撃《ほうげき》と空襲と地上戦のさなか、県内のいたるところでこの赤い実がなっていたことだろう。これを食べて生き延びたひともいただろうか。

古波蔵保好《こはぐらほこう》の『料理沖縄物語』(朝日文庫、一九九〇年)によれば、もともと沖縄では、ヤマモモの実を塩漬けにした漬物が食べられていたという。漬物を食べる習慣のない沖縄では、それが唯一の漬物だったのではないか、ということだ(七十四〜七十五頁)。

それはいまでも、同じ季節に同じ実をつけている。

あるいはまた、ハブに関する語りもまた、何度も語られている。同じ語り手が、次のような物語を語っていた。

食べ物がなくなった。だから避難小屋にいた連中みんな、捕虜になっていくものが多いんだよ。捕虜になっていくのは何も持たない。米軍が何も持たせないんだ。我々もそれをよく見ていた。手ぶらでみんな捕虜になっていくから、(避難所に)残してるもんがたくさんあるでしょ。家の三男を連れて、その捕虜になった人が残したものは何かないかなって、探しに行く途中に、私はハブに左足をかまれた。だんだんこう腫《は》れてきたんだよ。今のように、薬も何もない。

周囲の人みんなが、「噂によると、米軍は捕虜にしても殺さないというから、捕虜になろう」ということで。私がハブにかまれた二日後。もう足が腫れてた。それで、捕虜になろうということで、轟《とどろき》の滝近くまで戻ってきて、米軍の捕虜になった。

捕虜になったら、私たちは久志《くし》の収容所に連れていかれた。

足はこんなに腫れとるでしょ。私は、久志の米軍の診療所、テント小屋診療所、そこにつれていかれたんです。そしたらその診療所で、「あんたはどうしてこんな腫れとるかって」と言って。英語がわからんでしょ。「アメリカ軍に鉄砲で撃たれた」って言ってやった（笑）。これで撃たれたって言って、手真似、足真似やった。

でも米軍の医者がこれ見て、お前これは違うと。「お前はハブにやられたんだよ。明日ひざ下を切断する」と言うわけ。

もう足を明日切断するということが決まったもんだから、私は夜中、その診療所を逃げ出したんだ。診療所を逃げて、瀬嵩《せだけ》の海岸、洞穴《どうけつ》みたいなのがいくつかあるんだよ。そこに隠れて、自分でね、塩水で（洗った）。あの時は爪切りないでしょ、爪がこんなに伸びとるわけだから、（毒を出すために）自分の爪で皮膚を切って、モズクを塗って、血を出したら、三日めぐらいから痛みも少しずつ良くなって、だんだん腫れがなくなった。よくなってきた。

よくなったから、瀬嵩の収容所におる家族とまた一緒になって、その時から、豚油を近所の人々からもらって、それを塗ったりして、それで養生《ようじょう》してね、今日の私の足があるわけだよ。


やんばるの森のなかに隠れているときにハブに噛まれ、その直後に米軍の捕虜になって、収容所に収容された。軍医から膝下を切断されそうになったが、収容所から逃げ出し、海岸の洞窟に隠れて、自分の爪で足の皮膚を破って自分で血を出して、自力で回復したのだった。「それで養生してね、今日の私の足があるわけだよ。」

避難生活の最中でハブに噛《か》まれること。足を切断されそうになる。避難所を脱走し、たったひとりで海岸に潜んで、荒っぽいやり方で、自力で傷を治す。

ハブの毒で腫れ上がった足は、どれくらい痛かっただろうか、と思う。自分の爪を自分の足の肌に突き立てるとき、どういう感覚だっただろうか。どれくらいの血が流れただろうか。三日間、どういう気持ちで洞窟《どうくつ》にいたのだろうか。

こういうこと、すべてのことが、まぎれもなく沖縄的だと思う。

蛇について、また別の語りもある。一九三三年に生まれ、戦時中に石垣島で避難生活を送った女性は、次のように語った。マラリアで苦しむ母親が、熱を下げるために、頭をたらいの水につけて寝ている。その反対側から、蛇がその水を飲んでいた。

あんなこともありました。一晩中話したらいろいろ出てきますけどね。お母さんやお父さんの死にざまなんかも聞かしたいけど時間が経つから。私のお母さんは私が下から水を汲《く》んでくることはかわいそうと言って、みんな並んで寝ていたから。痛い、痛いって、マラリアだからうつるですよね。お母さんの熱が高くて苦しいから、水が入ったたらいの中に突っ込んでいたら、翌日蛇が反対方向からやってきて、蛇も水が飲みたいから、たらいの水を飲んでいました。蛇も音を立てて飲むよ。私も生まれて初めて蛇が水を飲むのを見たからね。私のお母さんはたらいのこっちに頭つけていて、反対方向で（蛇が）水を飲んでましたよ。あんなこともありました。

これはもう、ただそういうことがあった、ということだが、それにしても実際にその情景を見たわけでもないのに、目に焼き付いて離れない。

あるいは、戦争のさなかに、「女」である、ということ。たらいの蛇と同じ語り手による語りから。

山のちょっと上の方に幕を張って生活するんです、住民はね。そして、下から水を汲むの。水汲みに行ったりするの。そして、私なんか小さい子供は水運びなんですよ。2班に、組を分けて。そして、お姉さん方は、兵隊が山の中にたくさんいますからあの人たちの言いなりに、何をしたか分からんけど。後から聞いてみたら、物置に連れて行かれて遊ばれて物をもらってきて私なんかに食べさしたということを、物心ついてから、「あぁ、これか」と分かりましたけど。ちょうど十二歳ですからね。後で姉から聞いて、理解しました。

詳しい説明は不要だろう。そういうことがあった、としか言えることがない。そしてまた、さらに同じ語り手によって語られた、女性の髪についての話。

石垣市って細長いですよね。そこの浜はですね、一〇〇mくらい行くと浜になるんですよ。海ですよ。普通に（死体を）捨てるのよね。昭和十九年から昭和二十年は、埋める人もいないから、海に投げるわけよ。自分の身内でも子供でも。投げて時間が経つと、男の人はただ身体が腫れてても見れるけど、女は怖いですよ。女はもう見れるもんじゃないですよ。死んだ者は。

髪の毛は昔の人は長いでしょ。八重山《やえやま》の人でもこっちの人はね、「イリガン」と言って、頭をこうしてたの、琉球はね。琉球は長い髪が、「私は長い髪持っているよ」という風に、大変嬉しいからうちのお母さんなんかもやってらっしゃった。昭和17、8年のことですよ。その髪が、女の髪が……もう死んだ人は（髪が）バラバラになるから、隣の遺骨《いこつ》にも絡《から》まってですね、頭の毛がくるくるくる巻かれてね、女は怖いですよ。男の死は、ただ顔が腫れたりしますけど。女はですね、見られない。怖いですよ。こんなことがありましたけど、もう今平和になりましたけどね。今の時代は平和な時代で……。

「イリガン」とは、女性の長い髪を切って束ねて、「付け髪」にしたものだ。琉球風の髪結いにするときに、長さが足りないとこれを使ったらしい。女性たちはみな、髪を長く伸ばしていたのだ。

浜辺の波打ち際に捨てられた女性の死体は、長い髪がおたがいに絡み合っていたという。男の死体はただ膨れ上がるだけだが、女性の長い髪は、体が腐っても残り続けて、骨に絡みついていた。

そして、戦争が終わってもなお、身近にあった死。一九三四年生まれの男性は、子どものころに名護で終戦を迎えた。彼は米兵の頼みに応じて、日本兵の死体から金歯を抜き取っていた。

私が連れて行かれたのは羽地《はねじ》で、次に仲尾《なかお》という場所でした。そこで米兵に、食べ物をくださいとジェスチャーして貰《もら》ってたんだけど、あるとき兵隊さんがちょっと待ってろと言って、持って来たのが、死んだ日本兵さんの金歯なんですよ。これ持って探してきなさいと。で、次（食べ物などの調達に）行く時は、日本の兵隊が死んでるのどの辺かなって、日本の兵隊が死んでる場所を探して歩くわけですよ。金歯探せばいいんだと思って。ちょうど羽地と名護の途中に、薬草だけを作ってる山があったんですよ。この道を通っていくんですが、薬草園の手前から、人間の腐った臭いが来るわけです。「あっ、こっち兵隊死んでるよ」って行って見たら、本当に死んでいて、毛虫みたいな大きな蛆《うじ》も体にいっぱい付いてるんですよ。

そして顔の方見て、金歯があるかどうか確かめて、あったら「金歯あった、これだこれだ」って言ってね、死んでる日本兵の口の中、あちこち腐りかけてるから蛆がいるもんだからこれをよけた後、手で取れないから、木の棒を使って取ってね、腐りかけてるんだから簡単に取れるんですよ。

これを持って米兵のところに、持てないくらい持っていって。草刈りの時に使う小さいかます（袋）を二ついっぱいにして、名護から羽地まで。その時は嬉しかったですね。金歯だけじゃなくて、慣れてきたから顔も覚えられて、「また来たね」って。

次の話は、一九三五年生まれの男性のものだ。戦争中は宮崎に疎開していたが、戦争が終わって引き揚げてきて、それからさらにしばらく経った頃の話。ここでもまた、金歯にかんする物語が語られている。戦争が終わっても家周辺にはたくさんの日本兵の死体が埋まっていたという。その遺骨でふざけて遊んでいて「罰が当たり」、高熱を発して、ユタ（沖縄の巫女《みこ》）に祈《き》祷《とう》してもらっている。

僕が小学校五年生で引き上げてきて、弟は三年になっていて。ある日のこと母の畑仕事の手伝いで、石ころの多い我が家の痩《や》せた土地に、畑周辺の溝のところがあちこち盛り上がっている。そこは、みんな戦死者の遺骨が埋まっているんです。この溝に。僕と弟は、一緒に今思えば大変失礼なことだけれども、そこを掘って「お母さんこっちにもあったよ。

こっちにもあったよ」って掘り起こしてかますに入れて慰霊《いれい》の塔に埋葬するんです。弟も一緒に掘り起こして。この人は偉い人だったみたいとか金歯があるとか言って。この辺が脇の下か、コチョコチョしてくすぐったりして、罰が当たったんです。

夜、弟も僕も熱発して、唸《うな》って。そしたら朝起きたら、弟も僕も脇にこんな大きい瘡蓋《かさぶた》ができて、手が下ろせんくらい腫れて。母にこっぴどく叱られて。「あんた方、魂のある遺骨をこんな悪戯《いたずら》をしてばちが当たってるよ」って。

母は朝六時くらいに起きて、僕らはひっぱたかれて。集落に白髪の高齢のおばあちゃんがいて、それがユタです。沖縄には霊媒《れいばい》をするユタがいるんです。そこに引っ張って行かれて、霊が宿っているという。母が外してくれって言うと、おばあちゃんの毎日履《は》いとる汚れた、擦《す》り減った草履《ぞうり》で二人ともガサガサってそりゃもう擦られて（笑）。煙管《きせる》に煙草詰めて吹っかけてから、またガサガサって祈祷するわけ。

そしたらその日の夕方から二人とも治ってね。だから僕さっき言ったように、亡くなられた方々の魂はあるよっていうのはそういうことだと思うんです。

凄惨な地上戦の経験も、疎開先や避難所でみたふとした風景も、解釈できないような断片的な物語も、すべて沖縄の経験だ。私はこういう物語たちを、できるだけ多く聞き取り、後世に残したいと思う。

次に引用するのは、一九三三年生まれの男性の語りである。沖縄戦が終わって、「はじめて笑った」話だ。

戦後の沖縄、いまの沖縄の「はじまり」が、ここにある。これは、沖縄のはじまりの物語である。


戦争の話は全部むごいんだけど。一番覚えているのは、もう今でも思い出す。砲弾《ほうだん》が飛んできて、私は畑の中の溝に伏せていたから、ようやく助かったんだけど、目の前見ると、這って歩く子供は生きているけど、母親が腹ばいになって死んでいる。子供は大きい声で泣きながら親のところを這いまわっていた。

それを見て、私はこう感じた。この子供の声を聞いて、米軍が弾を落とすんじゃないか。子供をかわいそうとは思わない。この子供が泣いているのを聞いて、米軍が弾を落とさないか。こう思っていた。それが日暮れて、夜が明けて、子供は母親の腹の上で死んでた。

運という言葉で片付けていいのか。もう前後左右どこを見ても死人の山。あんなに人が死んで、腐ってウジわいていても、生き残りみんなに私は聞くんだけど、におい覚えているかっていうと、誰も覚えていない。鼻が馬鹿になっている。もう一日中ああいうにおいの中で生活していると、鼻が馬鹿になっている。みんなそう言っていた。理由は誰にもわからない。

そして、排便も誰かやった記憶あるかというと、誰もない。女は一か月のあれもなかった。人間が人間じゃないんだよ。目の前で、砲弾の破片で、おそらく腹をやられたんでしょう。大きな声で唸っているのを見ても、こんな大きな声出して、また米軍が声聞いて、砲弾落とすんだという考えなんだ。なにもかわいそうと思わない。ただもう、あんな大きな声出して助けを呼んでいるわけでしょう。自分はこうして、血はどんどん出ているんだから、助けを呼んでいる。私たちは、あんな大きな声出して、米軍がまた弾を落とすんじゃないか、これだったんだ。人間がこうなってしまう。

とにかく人間が人間じゃない。思うのはね、自分も痛い、助けてくれという声を出さないで一発で死んでくれ、こんな風にしか思わなかった。死ぬのも恐ろしくもなんともない。今考えると、ただ息を吸っていたんだなと思う。助けようにも助けられない。病院もないし、自分も薬も持っていないし、この人どこに運んで行こうか、それもない。どんどん死んでいく。でも、米軍は、私が保護されて、何名か集められて、こっちにいなさいと、糸満というところに何名か集められて、やっぱりひもじくしているんだろうと彼らもわかるんでしょう。シーレーションという食料品がある。箱は、ろうそくで包んで、濡《ぬ》れても大丈夫という。中開けると、いろいろな缶詰が入っている。四本入りのタバコも入っていた、これも配給だったんだ。

みんな一個ずつもらって。でも、缶詰なんか開け方もわからない。今はもうないけど、缶詰の横に付いている、パシャって巻いて、開けられる缶切りがある。と言っても今みたいなのじゃない。ちょっと開けてからハサミで切っていく。見たことない？　とにかく、これの開け方もわからない。ただ持って。みんなそう。どう開けて食べるか、缶詰ということはわかるけど。刃物誰も持ってないから。これだけの人間がいて誰もわからない。それで、なにかの拍子でアメリカ軍が教えたのか、現場の人間だから教えたのかわからないけど、側の人がこうやって開けるんだぞ、横の缶切り使って、挟んでプシューって開ける。初めて笑ったのは、あの時だったな。開けた時に、ああこんなにしてと思った。

沖縄のことについて、とくにその、自由や自治の感覚、あるいは家族や地域における共同体的なつながりの濃さについて考えることは可能だろうか。もしそれを単なる植民地主義的なラベリングやカテゴリー化ばかりではなく、実際に存在するものとして考えるなら、それは、どのように考えることができるだろうか。

もしできるとすれば私たちは、実在するその社会規範を、亜熱帯の自然や本質主義的な「民族的DNA」に還元せずに、沖縄の人びとがたどってきた独特の歴史から、そして、沖縄に生まれ育ったそれぞれの個人がその歴史を経験しながら生きてきた人生から考える必要がある。

あきらかに、現在の沖縄社会の出発点に、沖縄戦の経験がある。戦争中の体験だけでなく、その前後の生活史全体を聞くことによって浮かび上がってきたことがひとつある。それは、沖縄戦とそれにつづく戦後復興は、沖縄にとって、「私的所有権をはじめとする社会秩序が一時的に解体した経験」だったのだ。

沖縄での地上戦が近づくにつれて、沖縄本島の街や村には、日本軍の駐留が増加した。日本の兵士たちは、沖縄の人びとを追い出して、その学校や公民館、あるいは個人の民家を接収した。沖縄戦の前からすでに、沖縄の人びとの所有権は制限されていたのである。

地上戦が始まると、財産を捨てて着の身着のままで北部や南部へ避難をはじめた沖縄の人びとは、その逃避行の途中で命をつなぐために、途中で通りがかった他人の畑から、わずかに残った芋や野菜を取って食べていた。あらゆる人びとが家や家畜や畑を捨てて逃げていたので、お互いさまだったのだ。

戦争が終わり、しばらく収容所で暮らしたあと、人びとは自分の住んでいた場所に帰ったが、その帰還《きかん》は段階的におこなわれ、家に帰り着くまでにいくつかの場所を転々とさせられた。そのあいだ米軍の命令で、空き家になった他人の家や、現に他の家族が住んでいる家の軒先で寝泊まりすることもあった。

収容所生活も終わり、戦後復興期に入ったとき、沖縄の人びとの暮らしを支えたのは「戦果」と「密貿易」だった。「戦果」とは、米軍の物資を窃盗《せっとう》・横領《おうりょう》したり横流ししたりすることをいう。密貿易は、台湾などから船で物資をひそかに運搬し、沖縄や本土まで運んでそこで転売することである。とくに「戦果」のほうは厳密には「違法行為」だが、当時の沖縄の人びとで、それが「悪いこと」だと思うひとはほとんどいなかったと語られた。それは、生きるために必要なことだったし、また米軍も大目にみていたという。

沖縄戦の直前から、終戦後しばらくの間、このような、所有権が制限され、あるいは所有関係が曖昧《あいまい》になり、あるいは多少の「違法行為」なら黙認される時期が続いたのである。

沖縄の人びとが、より自由で、自治の感覚にあふれた社会をつくりあげてきたとすれば、その原点には、こうした経験がある。もちろんここに、正確に、科学的に計測された因果関係が存在するとまではいえない。また、そうした経験が、本土の人びとにはまったくなかったということでもない。

しかしこのことだけはいえる。大規模で凄惨な地上戦と、それに続く二十七年間の米軍統治を経験した沖縄に、本土と異なる社会規範が形成されたとしても、それほどそれは不思議なことではないだろう。

必要なことは、沖縄の文化や慣習や規範を、あらゆる「沖縄的なもの」を、亜熱帯の自然や民族的な本質に還元することではなく、徹底的に世俗的なレベルで、その独特の「歴史と構造」と結びつけて考えることだ。

沖縄戦と戦後の高度成長期によって、沖縄的なものは失われてしまったのではない。それはむしろ、現在の沖縄的なものの、はじまりの経験だったのだ。

たくさんの声、ひとつの境界線

いままで調査と資料収集で何度も沖縄を訪れた。私のささやかな調査の旅においても、多くの沖縄の方々との出会いを経験している。調査を目的として沖縄の地にはじめて立ったときには（もちろん観光旅行はそれまで何度も経験していたが）、不安と孤独と心細さで足がすくんだ。私は常に漠然《ばくぜん》と、調査の進行と「身体感覚」の変化とを結び付けて考える癖《くせ》がある。調査が進行するにつれ、調査者の身体感覚も変化していく。

調査が進行する前、調査者の身体は「見る」。やがて語りが始まると、「聞く」身体になる。私たちは、語り手の語りをひたすら聞く。

そしてもし、幸いなことに調査をある程度深めていくことができたなら、こんどは調査者が「語る」側に回ることがある。例えば、聞き取り現場で録音されたレコーダーに、この後半の変化が記録されているときがある。

あるインタビューで、途中からたくさんのビールや泡盛が出されて酒盛りになり、三時間あたりを過ぎた頃から、酩酊した私がほぼ自分のことだけをしゃべり続けて、語り手の方がひたすら相槌《あいづち》を打っているという逆転した場面が、レコーダーの音声データのなかに記録されている。とうぜん、その部分の文字起こしはしていないし、恥ずかしくて二度と聞いていない。いま聞き直したら、いろいろと面白いかもしれないのだが。

ある地域社会にまったく参加できていない者にとっては、その社会は「見る」対象でしかない。私たちは、その地の人びとを眺める以外にやることがない。ここでは目しか使われていない。やがて調査地で少しずつつながりができてくると、生活史の聞き取り調査をはじめることができる。ここから私たちは耳を使うことになる。そして、例えば聞き取り調査の現場で、あるいはその社会の日常的なつながりの中で、あるいはまた、調査が終了した後に何らかのテクストを書くことで、調査者は「語る」ことを余儀《よぎ》なくされる（あるいは酔って語る……）。

そして最後に、私たちは、私たちが見たり聞いたりしたことについて、「書く」ことになる。まず私たちは、見る。そして、聞いたり、語ったりする。最後に私たちは、書く。

もちろん、調査の各段階が、きれいにこの順番に並んでいるわけではない。実際には私たちは、最初から最後まで、これらのことを同時におこなわなければならない。調査するものたちはいつも、これらの変化のあいだをみっともなくうろつき、揺れ動く。調査の進行と身体感覚の変化は、確かにどこかでつながっていると思う。

まず始めに、まだ調査が始まる前、資料収集などの予備的な段階では、調査者は一個の目となっている。このとき調査者は、見知らぬ土地で大きな孤独を経験することになる。見るということは、対象から距離を置いた、孤独な感覚だからだ。

この段階では、沖縄はひとつの巨大な「風景」だ。見る、という行為には、大きな快楽がともなうこともあるが、しかしそれはやはり、その社会に参加できない、他所者《よそもの》でしかないものの、孤独で不安な状態そのものである。

若いころ、沖縄での調査をはじめたばかりのある時、沖縄県北部の街で聞き取りをすることになった。那覇から高速バスで一時間半、下の道だと三時間はかかる場所だ。

念のため早めにホテルを出た私は、那覇のバスターミナルから高速バスに乗り込んだ。このバスターミナルが作られたのは一九五〇年代で、つい最近まで現役で使われていたが、ついに取り壊されてしまった。ひなびた、旅情あふれる、沖縄でも最も好きな場所のひとつだった。

そのとき私はたまたま、ひどい風邪に苦しんでいた。体調の悪いときの長距離バスほどしんどいものはない。バスに乗っている間ずっとうなされていた。

広い国道沿いにぽつんとあるバス停でバスをおりた。まわりには何もない。道を歩いている人もひとりもいない。その日は二月の、寒い曇り空の日だった。いくら亜熱帯とはいえ、冬はやっぱり寒い。

待ち合わせ時間よりかなり早く着いた私は、仕方がないので、いちおうガイドブックでは繁華街あるいは商店街ということになっている、近くの通りまで歩くことにした。ひどい風邪をひいているだけでなく、調査の直前ということもあって不安と緊張でいっぱいだったが、とにかく人がいるところに行こうと思った。歩いている途中も、誰もいなかった。一匹の痩せた野良猫がふるえていたので、写真を撮った（この日から毎日キャットフードを持ち歩くようになった）。

商店街に着いてみると、そこには閉め切られたシャッターが、何百メートルにわたってびっしりと並んでいた。たったひとつ、モスバーガーだけ開いていたので、とりあえずコーヒーを飲んだ。店を出て歩いていると、小さな銀行だか信用金庫があって、大きな看板に「観光客に温かいひと声を――もてなし運動実施中」と書いてあった。

まだまだ時間が早かったので、そのままぶらぶら歩いていると、いきなり海に出た。夏のシーズンには青く輝く南の海も、真冬にはどんよりと灰色に濁り、強風が吹き荒れていた。私はテトラポットの上に座ると、大阪にひとりで残っている連れあいに携帯から電話したり、自分の将来のことなどをぼんやり考えたりした。ここでもまた猫に会ったが、写真を撮る前に逃げられてしまった。

観光旅行も含めて、今まで沖縄に何十回と行ったが、いままでで最も印象に残っている沖縄の風景のひとつだ。

語り手の方と、紹介してくださった地元の教育委員会の方と、三人で聞き取りは始まった。語り手の方には手土産まで頂いて（沖縄の蜜柑《みかん》だった）、お話自体もたいへん興味深く、和《なご》やかにかつ賑やかに、三時間ほどの聞き取りは無事終了した。気がつくと熱はほとんどおさまっていた。

直接面とむかって話を聞く、という行為は、しんどいことだが、とても楽しいことでもある。とくに私のような初対面の、どこの誰ともわからないようなもののために、わざわざ出向いてくださって、あるいはご自宅まで招いてくださって、ご自身の人生の、きわめて個人的な経験について語る。ありえないほどありがたいことだと思う。

また、そうして語ってくださった方が、さらにお知り合いの方を紹介してくださったりと、調査を継続すればするほど、人の輪は広がるばかりだ。はじめのうちこそ、なかなか思うようにいかないものだが、だんだんと調査の足がかりや手がかりができてくるにつれて、つながりが広がり、知り合いも増えて、なかにはほんとうに、普通の友だちのようになる方もあらわれる。

こうなると、さきに描いたような、調査がはじまったばかりの時にみた寂しい風景は、どこかへ消えてしまう。ひたすら沖縄をうろつきまわりながら目にした、あれほど孤独で寂しげに見えた風景が一変し、この街並みの裏側に、人々のたくましい結びつきがあるのだ、ということに気づく。眼下にひろがるさとうきび畑や、見渡すかぎりはるかに続くシャッターの通りや、那覇郊外の国道沿いの、人ひとりいない風景の向こう側に、あたたかく賑やかな人々の暮らしがあって、はじめは目には見えないけれど、そうしたつながりや結びつきはきっかけさえあれば、さまざまな生活史の語りとなって、私たち調査者の耳にとびこんでくる。そういうとき、私たちは、耳になっている。

見る身体から聞く身体へと変化するうちに、沖縄社会に対するイメージも変化していく。外部からカテゴリー化することに躊躇《ちゅうちょ》するようになり、実態や構造よりもむしろ、変容と生成、あるいは「構築」のプロセスへと、関心が移っていく。

私たちはともすれば、差別や貧困に苦しむ沖縄人、基地の被害に悩む沖縄人を描いてしまう。しかし、現場に深く入り込んで多くの人びとに会うと、現実はそんなに簡単ではない、ということを思い知ることになる。そういう、固定したイメージではなく、もっと複雑で流動的な現実を描くことになる。

沖縄に、経済的な問題や、基地がもたらすさまざまな弊害《へいがい》が存在することは、事実だ。沖縄を外から見ているかぎり、良心的なナイチャーであっても、いやむしろ良心的なナイチャーほど、「かわいそうな」沖縄の姿を一面的に描いてしまう。しかし実際には、沖縄の人びとは戦後ずっと、貧困や米軍統治のもとで、たくましく、堂々と生き抜いてきた。沖縄の人びとは、共同体的なつながりのなかで強く結びつき、おたがいに助け合って、貧困に対して対抗してきた。基地に対しても、現在まで途切れることなく続く強力な抵抗運動が展開されている。あるいは、そうした基地や米軍の存在を逆に利用しさえした。沖縄の人びとは、温かく助け合い、したたかに抵抗する人びとなのだ。

沖縄で調査を続けて、たくさんの人びとに会うと、こういうことがわかってくる。それはすでに何冊もの本に書いてあることだけど、そういうことが体でわかってくる。

聞き取りの現場では、語り手だけではなく聞き手もまた、語ることを要求されることがある。打ち解けて語るうちに、「語り」は「語らい」へとしばしば変わる。ここでは調査者もまた、さまざまな質問を受ける。

何のためにこんな聞き取り調査なんかやってるの？　なんで沖縄に興味を持ったの？　どういう本を書くの？

嫁さんはいるのか？　出身はどこ？　親兄弟は？

沖縄の基地をどう思いますか？　復帰して沖縄はよくなったんだろうか？　日本は沖縄に何をしてくれるのか？

聞き取りという場は、調査者からの一方的な質問だけで構成されているのではない。それは相互行為だ。ここではわれわれ聞き手もまた語ることを要求される。

とにかく、このときすでに調査者の沖縄社会のイメージは、にぎやかなネットワークや「ゲマインシャフト」的な集まり、つながりといったものになっている。そして、聞き取りの現場でそれが、非常にはっきりとした形であらわれる。調査が進行すればするほど、沖縄の人びととの相互行為が進展すればするほど、その社会のイメージも、客観的で距離を置いた、静かでもの寂しい、つまり「視覚的」なイメージから、相互行為の状況に埋め込まれた、にぎやかで楽しい、つまり「聴覚的」なイメージになっていくのだ。基地や貧困に苦しむ人びと、という一面的なイメージから、複雑で流動的な人生を営む、したたかでたくましい人びとへ。

まず私たちは、見る。そして、調査の現場で、聞く。そのときに、語ることもある。そうやって調査が進行するにともなって、私たち自身のイメージも変わっていく。

しかし、それで終わるわけではない。調査の現場だけを考えれば、それは確かに、にぎやかな、多声的な相互行為にちがいない。しかし私たちの仕事は、そこで終わるわけではない。

私たちは、最後に「書く」ということをしなければならない。調査者は現場における「聞き手」から、今度は「書き手」になるのだ。

次の語りは、本土就職とUターンの調査で得られた、沖縄県南部で生まれたある男性のものだ。おそらく、いま六十代の後半になっているだろう。彼は若い頃に単身大阪へ渡り、個人の努力と才覚だけで、十年間の長きにわたり都市で生き抜いてきた。そして一九七五年ごろ沖縄へUターンしている。彼は聞き取りのときに、とても懐かしそうに大阪のことを語った。そして「第二のふるさと」であるとも言った。彼は大阪で、ほんとうにたくさんの人びとに出会い、さまざまな経験を積み重ねてきた。私はその人生の語りに圧倒されながら、耳を傾けていた。彼は何度も何度も、大阪が好きだ、大阪が懐かしいと語った。その彼が、聞き取りも終わりにさしかかって、ふと次のような言葉をもらした。

結局さ、岸さん。はっきりいうけどさ。俺がはじめて、十七、八で、叔父さんの家から飛び出して社会に働いて、どういう思いだったと思う？

誰も知った人いない。（はじめて入った会社で）四、五十人、従業員紹介されて。金城《きんじょう》です、よろしくお願いします……俺言った。言葉があんまりわからん、あのときは。まあ、通じたか通じないかわからんけど。すぐ友だちできたよ！　あんときはな。

だけど、洗濯も自分でやる。こんなして。洗濯板って、わかる？　わからんだろ。あれで作業服洗うんだよ毎日。冬でも。寮にいる、自分で。そういう生活してるから……いま（内地に）行ってもわからんと思う……。（拙著『同化と他者化』一二三〜一二四頁）

私はずっと、彼のこの言葉を思い出し、それについて考えている。「どういう思いだったと思う？」

この語りの意味は何だろう。この語りを耳にしてしまった私は、これについて何を、どのように書けばいいのだろう。

この語りを思い出すと、いつもそれに続いて、あの北部の街並み、はてしなく続くシャッターの壁、無人の商店街が思い浮かぶ。そしてそのシャッターの列は、沖縄にひろがる広大な米軍基地の鉄条網の列に、とてもよく似ていると思う。寂れてしまった商店街のシャッターの列と、そこを越えたらもしかしたら殺されるかもしれない、鉄のフェンスの帯。

私はこのふたつの壁、列、帯は、「目に見える北緯二十七度線」なのかもしれない、と思う。

それは、一九七二年復帰までの日本と琉球の境界線だった。日本と沖縄との境界線は、北緯二十七度線という、目に見えない線ばかりではない。沖縄の（そして日本の）いたるところに、直接目に見えるかたちで、北緯二十七度線は存在するのかもしれない。寂れた商店街――つまり沖縄の経済という問題――に、広大な米軍基地に、そして、語りの中に(どういう思いだったと思う?)。

沖縄を見て、沖縄を聞いたあとで、私たち調査者は、沖縄について書かなければならない。そのとき、何をどう書いたらよいのだろうか。

この問いに対する簡単な答えなどありえないが、それでも私は、ごく個人的だが、はじめの頃の風景に、何度でも立ち返りたい、と思う。

調査が進展して、沖縄の社会がにぎやかでたくましいネットワークの世界であることが明らかとなり、たくさんの方々が語る生活史に耳を傾けながらも、あの商店街と、基地のフェンスは、常に私の出発点にある。

どうして私はあの寂れた風景をよく思い出すのだろうか。それは恐らく、あの風景が表わしているものが、沖縄の「歴史と構造」だったからではないかと思う。様々な問題を抱える沖縄だが、その最大のもののひとつは、経済の停滞だ。ここ数年は好景気にわいている沖縄経済だが、若年失業率は高止《たかど》まりしているし、賃金もそれほど上昇しているとはいえない。

沖縄の人々の生活史は、個人の語りでありながらも、同時に、戦後の沖縄史そのものでもある。個人の人生のことを聞き取ることは、実は経済や歴史、あるいは国家や民族というものについて聞き取ることでもあるのだ。

ある一人の若い沖縄の男性が、単身大阪へ渡り、さまざまな苦労を経てふたたび沖縄にUターンしていく。それは個人の物語であると同時に、民族の物語、あるいは国家の物語である。大阪へ渡ったあの男性は、どのような思いで日々の暮らしを送っていたのだろう。日本という国家において、沖縄という地域はどのような意味を持っているのだろうか。

その語りは、沖縄の失業率や成長率、労働力率、産業構造といった経済的な指標や、あるいは復帰運動や基地反対運動といった政治的な問題、あるいは、武力侵略、沖縄戦、米軍による統治、日本復帰といった歴史的な出来事などの、沖縄独自の「歴史と構造」の問題へと、私たちを導いていく。それはおそらく、最初にみたあの北部の寂れた街並の、視覚的な記憶と、どこかでつながっている。

社会学や人類学の長い歴史の中で、都市や民族をめぐるエスノグラフィはずっと、人びとの豊かなつながりやネットワーク、たくましい生活実践といったものを見据《みす》えてきた。それは確かに、マクロな歴史と構造に翻弄《ほんろう》されながらも、その狭間でたくましく生きる少数者たちの生活実践を、見事に描いてきた。

しかし私はいま、生活史が語る人生の物語と、巨大な歴史や構造の物語とを、どこかで架《か》橋《きょう》しなければならない、そうしないと、私がみた風景は、単なる風景としてどこかへ消えてしまう、と感じている。

あの閉鎖された商店街の風景も、沖縄の人びとの生活史も、沖縄の歴史と構造に、直接つながっている。そしてそれは、日本に住む私のような者も、無関係ではありえない。

貧困や基地の存在でさえも逆手にとって、それを利用して、賢《かしこ》く、たくましく、したたかに生き抜いてきた沖縄の人びとの生活史を、ただ単にそうした賢さやたくましさを描くためだけに使うのではなく、日本と沖縄の非対称的な関係のなかで考えてみたい。

ほんとうの沖縄、ふつうの沖縄

二十代の終わり頃、たまたま訪れた沖縄にハマり、いわゆる「沖縄病」という状態になった。寝ても覚めても沖縄のことばかり考えて、地元大阪で手に入る沖縄に関するあらゆる雑誌や本や食べ物や泡盛を買っては、沖縄に移住する妄想《もうそう》に耽《ふけ》っていた。沖縄の方々から見れば、かなり「気持ちの悪い」ナイチャーになっていたと思う。

しかし、大学院に入り、本格的に沖縄社会を研究テーマに据えてから、沖縄のことを書くことができなくなった。基地や経済のことを勉強すればするほど、それを押し付けている側であるナイチャーが、沖縄の何を書けるのだろうと思うようになったのだ。

私は徐々に、「沖縄が好きだ」という感情に、蓋《ふた》をするようになった。沖縄のことを、いいところだとか、好きだとか、そういうふうに思うことを、自分に禁止した。それはナイチャーの勝手なロマンなのだ。

ところが、大学の教員になって実習で学生を沖縄に連れてくるようになってから、この気持ちが変化したのである。はじめは大学の授業で沖縄に行けてラッキーぐらいにしか思っていなかった学生たちが、沖縄の歴史や文化を学んでいくうちに、意識が変わってくる。沖縄のことを真面目に考えるようになるのだ。そして滞在中には、沖縄を訪れる前にはまったく知らなかった、南の「キツい」酒だとしか思っていなかった泡盛にすっかりハマり、帰りの那覇空港で泡盛の小瓶を買うようになる。

ある学生が、実習の合宿の最後の夜に号泣《ごうきゅう》したことが忘れられない。その夜、居酒屋を貸し切りにして打ち上げをしていたのだが、入り口の貸し切りという札にもおかまいなしで常連さんたちがたくさん入ってきて（いかにも沖縄らしい）、学生たちと一緒に飲んだ。そのとき、地元の人びととの温かい交流を体験したひとりの男子学生が、突然泣き出してしまったのだ。沖縄の人たちはこんなにつらいことにあっているのに、どうしてこんなに優しいんですか。

私たちはその年、ある老人クラブにご協力をいただき、沖縄戦を体験した方々の生活史の聞き取りをした。数日間にわたってそのお話を聞いたあと、居酒屋で地元の人たちに優しくしてもらって、感激したのだ。この学生にとっては忘れられない夏になったことだろうと思う。

もちろん、こうしたエピソードを、心温まる美談にしてはならない。私たちは常に、基地や平和の問題を、経済の問題を、環境の問題を考えなければならない。しかし、連れていった学生たちが、自分のこととして沖縄を考えるようになっていく姿を見て、沖縄というところはほんとうに「いいところ」なのかもしれない、少しはそう思ってもいいかもしれないと、考えるようになった。沖縄は、そういう「力」を持った場所なのかもしれないと。

こちら側の勝手な妄想があり、また同時に、そこはほんとうに良いところだという実感と信念がある。しかし、そうした実感や信念を語ったとたん、私たちは、沖縄に対して欲望する植民地主義者になってしまう。

二十代の頃の私は、孤独を持て余し、たったひとりで何度も何度も何度も沖縄の離島に通った。ある小さな島の民宿に泊まったとき、そこに黒い髪の美しい少女がいた。宿の娘らしかった。私は、その宿でその少女を見たとき、自分のもっともくだらない妄想をプリントアウトされてみんなの前にでかでかと貼《は》り出されたような気がした。「内地からふらりとやってきたひとりの旅行者の若者が、沖縄の島の少女と結ばれる」という、それまで胸のなかで隠して持っていた馬鹿げたファンタジーの、愚《おろ》かさと醜《みにく》さに耐えられず、すぐにその宿を解約して別の島に移った。少女とは一言も喋らなかった。私は自分の妄想が、ひとりの少女に体現されていることに驚き、傷つき、自分自身に対して深い嫌悪感をおぼえた。いまから思えば、大したことのない話だが、なぜあのときあれほど狼狽《ろうばい》したのか、いまでもよくわからない。私はそのことによって、よけいに「キモい奴」になっていただろう。もっと普通に、打ち解けて、たわいもない話をすれば、ほんとうに友だちになれたかもしれないのに。潔癖《けっぺき》になることによって私は、自分が嫌悪する存在そのものになっていた。

島の少女と出会う、というファンタジーは、私のなかではそれほど大きなものではなかったが、それでも確かに私たち内地の旅行者にとっては、誰にも知られず心のなかだけで密かに耽《ふけ》ってしまうような、よくある妄想であり、私もそういうことを、無意識のうちに期待していたのだと思う。それは、たったひとりで眠れない夜、ベッドの中で、遠くの沖縄の生ぬるい風や、裸足のつま先を洗うさざ波に思いをはせているときに、ふと心に浮かび私たちを包み込む、優しい夢である。それは、多くの男性が心に抱《いだ》く、罪のないファンタジーだ。

しかしその安宿で、まさに地元の島に生まれ育った美しい少女を目の当たりにしたとき、おまえの欲望はこれだろうと、私は自分自身から突きつけられたのである。私は自分の妄想が純粋に恥ずかしかったし、自分の愚かしさに怒りさえおぼえた。

こうしたことは、すべて私の脳のなかだけで起きている。あの少女は私のことなど一切記憶に残っていないだろう。あの宿でひとり客である私を見たときに、かすかにふっと、なんかキモいひとだなぐらいは思ったかもしれないが、そうだとしても何も覚えていないだろう。つまり、私は最初から最後までひとりきりだったのである。

私は、沖縄の離島に何度も通いながら、まったく沖縄と出会っていなかったのである。おそらくいまも、出会ってはいないかもしれない。

私たちナイチャーは、沖縄のことを繰り返し語る。私たちは、沖縄という場所の特殊性について語りだしたら止まらない。その独特の文化について、その日本とは別の歴史について、その前近代的な習慣について、私たちはとめどなく、何度も何度も、繰り返し語る。誰かが沖縄の話を持ち出したとたん、その場にいる全ての人びとが、自分のほうがもっとよく沖縄を知っているのだと、真剣に語り出す。

私たちは、観光客が行ったことのないところに行ったことが自慢だ。普通に旅行や出張をしただけでは触れ合えないような地元の「普通の」人びとと酒を酌み交わしたことは、私たちの美しい思い出だ。沖縄の独特の、あののんびりした習慣のおかげで仕事でえらい目にあった、というような体験談を、飲み会の場での笑い話のネタとしていつでも取り出せるように、後生《ごしょう》大事に記憶のなかに保管してある。あの民謡歌手とあの沖縄アイドルは実は親戚だよ、とか、あの政治家はもともと久米三十六姓《くめさんじゅうろくせい》といって中国系の家系で、とか、浦添のあの道路、やっと開通したよね、長いこと工事してたけど、ということを、私たちはよく知っていて、それを他人に喋りたくてしょうがない。

私たちは、地元のひとしか行かないような食堂で、地元のひとしか食べないようなものを食べる。Aランチが沖縄の平均寿命を縮めたんだよね、というネタは、沖縄の平均寿命がとても高かったこと、そしてそれが「長寿の島」と呼ばれる沖縄の人びとのアイデンティティになっていたこと、それが近年になって急に都道府県のランキングの順位を大幅に下げてしまったこと、それが地元の新聞で大きく取り上げられたこと、それらのことに加えて、沖縄の都市部には食堂というものがあって、多くは二十四時間営業で、とても安い金額でいろいろな定食をいつでも食べることができるが、その定番メニューのなかにAランチやBランチというものがあり、ほとんどが揚げ物のおかずと大盛りの白飯で構成されていて、そういうものを日常的に食べている、そしてそういうメニューにはほかに、ちゃんぽんとか、あるいはただ単に「おかず」という場合さえあるという、沖縄の独特さについての膨大《ぼうだい》な細かいディテールで構成されている。

これらのディテールは、沖縄のアイデンティティや食文化などについてのトリヴィアルな知識を大量に持っている人びとが、お互いが沖縄をどれほど愛しているかを確認しあい、ときには競い合うためのものになっているのだ。

それほど沖縄という場所には、語るべきものがある。沖縄は一冊の分厚い本のようなもので、最初のページをめくったときから、覚えるべきこと、学ぶべきことが大量にある。オヤケアカハチ、最西端の与《よ》那《な》国《ぐに》と最南端の波《は》照間《てるま》、ウチナーグチ、琉球政府、旭琉会《きょくりゅうかい》、ワシミルク、瀬《せ》長亀次《ながかめじ》郎《ろう》、ライカム、美《ちゅ》ら海《うみ》水族館、公設市場、照屋《てるや》林助《りんすけ》、普天間基地、アイスワーラー、尚巴《しょうは》志《し》、復帰運動、アクターズスクール、石敢当《いしがんとう》、琉球王国、水上店舗《てんぽ》、糸満ロータリー、ゲート通り、三線《さんしん》、代理署名拒否、ポーク玉子、行政主席、海洋博。私たちは首里城のハリボテさを嗤《わら》い、通ぶって栄町や桜坂で飲む。もっと沖縄に詳しくなると、わざわざ神里原《かんざとばる》や、あるいは屋富祖《やふそ》にまで足を延ばして酒を飲むことさえある。いまはなき真栄原《まえはら》や吉原《よしわら》の社交街の思い出を語り、復帰前のコザの賑《にぎ》わいについて語る。海は入るものじゃなくて、ビーチでビールを飲むためのものだよと観光客をバカにしたり、実は軍用地料で潤ってて、それで基地に賛成してるひとも多いみたいよと小声でささやく。

それほど私たちは沖縄が好きだ。私たちは沖縄を心から愛している。なぜかというと、それが日本の内部にあって日本とは異なる、内なる他者だからだ。規格化と均一化が果てしなく進む日本のあらゆる地方のなかにあって、沖縄は、その独特なものを色濃く残す、ほとんど唯一の場所である。その地理的条件、その気候、その歴史、その文化、すべてが日本とは異なる。だがそれは法的にも現実的にも日本の一部である。私たちは沖縄を持て余しているのだ。私たちは沖縄にどう接してよいかわからない。しかしとにかく、そこが何か素晴らしい場所であることは間違いない。沖縄について知れば知るほど、学ぶべきことが次から次へとあらわれる。そしてそれらの「沖縄的なもの」はすべて、なんらかの形で私たちが私たち自身の祖国についての思っている不満や、悲しさや、寂しさの裏返しとして見えてしまう。沖縄は私たちの鏡である。それは反転した日本だ。日本にはない良いものがたくさんあって、そして同時に、日本がある。

捨ててしまった悪いものもたくさん残っている。それは常に日本と、あるいはもっと正確に言えば、東京と比較される。あらゆる沖縄のイメージ、あらゆる沖縄の知識は、反転した東京の姿である。私たちが沖縄をもてはやすとき、無意識に必ず私たちは日本をけなしている。沖縄を批判するとき、無意識に必ず日本を基準にしている。つまり私たちは誰も、沖縄のことなど語ってはいないのだ。私たちはひたすら、日本のことを、自分たちのことを語り続けているのである。沖縄は素晴らしい場所だ——日本に比べて。

沖縄が好きになって、どうしようもないぐらいハマってしまって、年に何度も通って、そのうち移住して、というひとはとても多い。沖縄にハマるとどうなるかというと、沖縄に詳しくなる。ほんとうに沖縄はまるで、読んでも読んでも終わらない一冊の分厚い本のようだ。歴史や政治、文化や環境など、次から次へと勉強することがある。

そういう沖縄にハマって、ついにその研究を専門とするまでになった私だが、実は、「沖縄病のナイチャー」の方々が、若干《じゃっかん》苦手だ。同病、というか、まるで自分の姿を見ているようだからだ。

いちど、ある方にインタビューするために、桜坂の古い居酒屋で飲んだことがある。そこの座敷で、差し向かいでじっくりと話を伺っていた。隣の席には、高齢《こうれい》の東京弁の男性がふたり

商人訓
渡辺華山
みそ汁 500
煮付 500
肉汁 500
骨汁 500
金時 200
ホットコーヒ 150
オムライス
そば 500
肉そば 500
焼そば 500
天ぷら 50

サーターアンダギー
(さとう天ぷら)
1個 60円
(10個入り)
ゲンキ食堂
098-854-6302
卵焼き
MATSUDA

樋川娯楽センター

いて、いかに自分たちが沖縄に詳しいかという話をしていて、ああ、苦手だなあと思っていた。

ひとしきりインタビューも終わり、お礼を述べて、その店を出ようとしたときに、隣席の男性が私たちに向かって話しかけた。「模合《もあい》ですか?」

模合(沖縄独特の頼母子講《たのもしこう》)という覚えたての言葉を使ってみたかったんだろうと思うが、いま思い返してみても叫びたくなる。二人っきりで模合しないですよ! それ二人の間でお金が往復してるだけじゃないですか! とっさのことだったのでそう言い返すこともできず、いえいえ、そういうわけじゃ、とか何とか、もごもごつぶやいて、その店を出た。

大阪で飲んでいても、スナックで知らないひとと話していて、沖縄の研究をしているんですよと言うと、かならずといっていいほど沖縄についての「自説」を開陳《かいちん》される。だいたいが、「ありきたりな解釈ではなくて、もっとディープなことを知ってるんですよ」という語りで、「桜坂って知ってますか? 国際通りよりもっとディープなところがあるんですよ」とか言われたときは、恥ずかしさで死にそうになる。私もほっておけばよいのに、ムキになって反論して、「どっちがディープな沖縄を知っているか」という競争になることも多い。「桜坂も、でかい外資系ホテルが建ったりして、ずいぶんきれいになりましたねえ。ところで神里原って知ってます?」なんて言ったりしてしまう。

沖縄を相手にして、私たちナイチャーは「冷静」になれない。私たちは沖縄のことが好きすぎて、「他人がまだ知らない沖縄」というものを探してさまよい続けているのだ。

しかし、あらためて強く思うのだが、私たちは観光客が知らない沖縄を求めてこんなに何度も通いつめているのに、そういう沖縄への愛は、基地を動かすには、まったく足りない。沖縄のことについて詳しくなる、沖縄のことをよく勉強する、ということと、沖縄とともに生きる、ということは、まったく別のことだと感じる。それはもちろん、沖縄を研究する私にも突きつけられている。

実は私はディープな沖縄にそれほど詳しいわけではない。かといって観光地的な沖縄にも興味がなく、どちらかといえば、普通の人びとが住んでいる普通の街が好きだ。普通の那覇、普通の浦添、普通の石垣。あまり普通の住宅地の真ん中を、私のような人相の悪い中年の男性がひとりで歩いていたら怪しまれるかもしれない、と思いながら、忙しい出張の合間を縫って、できるだけ普通の住宅地や普通の路地を歩くようにしている。

沖縄の住宅には、植木が多い。これはほかの地域と比べてもかなり多いのではないかと思う。内地よりも太陽の光が強くて、とても眩しくて、心からきれいだなと思う。

急なスコールのあとまた日が差して、アスファルトや自販機や植木たちがきらきらと輝く。

私自身もかつてはそうだったのだが、観光ではじめて沖縄に来て、沖縄にハマって、何度も通うリピーターになると、多くの内地の人びとは、いままさに失われつつある「ほんとうの沖縄」を探すようになる。失われていく、もともとの、純粋な、混じりけのない、原初的な沖縄を。

そういうものはたぶん、博物館にも首里城にもないし、たぶん万座毛《まんざもう》にも美ら海水族館にもない。それはたぶん、桜坂や壺屋《つぼや》や（取り壊される前の）農連市場のあたりの路地裏に、あるいは、もうずいぶん少なくなったけど、金武やコザや普天間あたりの米兵相手のバーやパブに、あるいは、宿泊施設も海水浴場も整備されてないような小さな離島にあって、だから私たちは喜んでそういうところを探して、他の内地の人びとが知らないような沖縄を、自分で発見したような気になって喜んでいる。

ただ、そういうところは、沖縄でもごく一部の地域にしかなくて、あとはだいたい、普通の会社のビルや普通の家、普通の町工場や普通の駐車場がどこまでも続いていて、内地と同じコンビニやマクドやパチンコ屋がある。

「ほんとうの沖縄」とは、いったい何だろう。街がどんどん建て替わっているだけでなく、復帰後に育った子どもたちの世代ぐらいから、急にウチナーグチも使われなくなっていて、文化やアイデンティティも大きく多様化・流動化していると言われている。糸満出身の若い友人がいて、彼は「海ぶどう」を、京都ではじめて食べたのだそうだ。泡盛もほとんど飲んだことがなかったという。ウチナーグチももちろんほとんどわからない。学生時代にいちばん打ち込んだのはバスケだった。でも彼は、まぎれもないウチナンチュのひとりだ。

「ほんとうの沖縄」「まだ失われてない沖縄」は、消えつつあるもの、時間が経てば経つほど失われていくものだ。私たちにとっての「ほんとうの沖縄」とは、だから、農連市場であり、那覇バスターミナルであり、桜坂であり、牧志《まきし》公設市場である。これらはすべて、すでに取り壊されてしまったか、変貌を遂げている最中か、これから取り壊されることになっているものたちだ。私たちのような「沖縄病」の内地の人びとにとっては、例えばおもろまちのような、ショッピングモールやマクドナルドや無印良品がある場所は「沖縄ではない」。

そして、こういう感覚は、沖縄の人びと自身も、ひろく共有しているのではないだろうか。古き良き沖縄、みんなが優しく助けあって生きていた沖縄、内地とはまったく違う独特の文化や言葉や風習を持っていた沖縄、つまり「ほんとうの沖縄」は、いまではただ、失われ、取り壊され、形を変えさせられるばかりなのだ。

確かにその通りだ。私が沖縄にどうしようもないほどハマって通いだした九〇年代は、まだまだそこらじゅうに、古き良き沖縄が残っていた。那覇の路地裏を歩けば簡単に、そういう沖縄と出会うことができた。しかし、モノレールができて、おもろまちが見事に整備され、国際通りがまるで京都の嵐山や東京の原宿のような安っぽいお土産屋さんの街になっていくにつれて、だんだんと那覇は、便利できれいで、でも内地の都市とそんなに変わらないような、そんな感じがするようになった。

沖縄はこれから、どうなってしまうのだろうか。それはもう、なくなっていくのだろうか。そんなことはない。沖縄は、なくならない。沖縄は、沖縄のままだ。もちろん、無意味で不必要な再開発は、良くない。そういうのはやめたほうがいい。でも、これをいうと沖縄の地元の友だちからは、不思議そうな顔で見られるのだが、私はおもろまちを歩いていても、南風原《はえばる》のイオンモールで買い物をしていても、久茂地《くもじ》のビジネスホテルに泊まっていても、どこで何をしても、沖縄を感じるのである。風や、光や、匂いのなかに。

「ほんとうの沖縄」は、どこにあるのか誰にもわからない。でも、「ふつうの沖縄」なら、そこらじゅうにある。それは久茂地のビジネス街でも、渋滞する五十八号線でも、浦添や宜野湾の住宅地でも、コンビニやハンバーガーのチェーン店でも出会うことができる。ふつうの沖縄とは、現にいまここにある、そのままの沖縄である。

二十五年も沖縄に通って、私はいま、こう思うようになった。ふつうの沖縄こそがほんとうの沖縄であり、そして私は、ふつうの沖縄が大好きだ。

「沖縄的なもの」について、社会学者は好んで語りたがるが、また一方で、そうした沖縄的なものの語りのなかにひそむ素朴な本質主義の危険性についても語られている。私たちは、沖縄の人びとの暮らしのなかの「独特の感覚」を語るとき、ついそれを文化的DNAだの、独特の風土などという、くだらない、無内容のものに還元《かんげん》してしまう、というわけだ。こういう本質主義は、厳しく批判されることになる。

しかしまた、それを批判する人びとは、「沖縄的なもの」は単なる語り、あるいは「カテゴリー」で、そのつどのその場の会話のなかでやりとりされ、「構築される」ものにすぎないと言ってしまう。そのときそれは、ただの嘘、フィクションになる。

私は、沖縄的なものは、「ほんとうにある」と思っている。あるいは、もっと正確にいえば、ほんとうにあるのだということを私自身が背負わないと、沖縄という場所に立ちむかうことができないような気がしている。

でもそれは、文化的DNAとか気候風土とか、そういうことではなくて、おそらくはもっと世俗的なものと関係があると思っている。また、そのように世俗的に語らなければならない、と思っている。特に、ナイチャーとしての私は。

いま、沖縄の経済はかなり好調だ。再開発の機運も高まり、ここ数年で、那覇の街も大きく変わったように思う。バスターミナルもなくなったし、農連市場の周辺もずいぶん「こぎれ

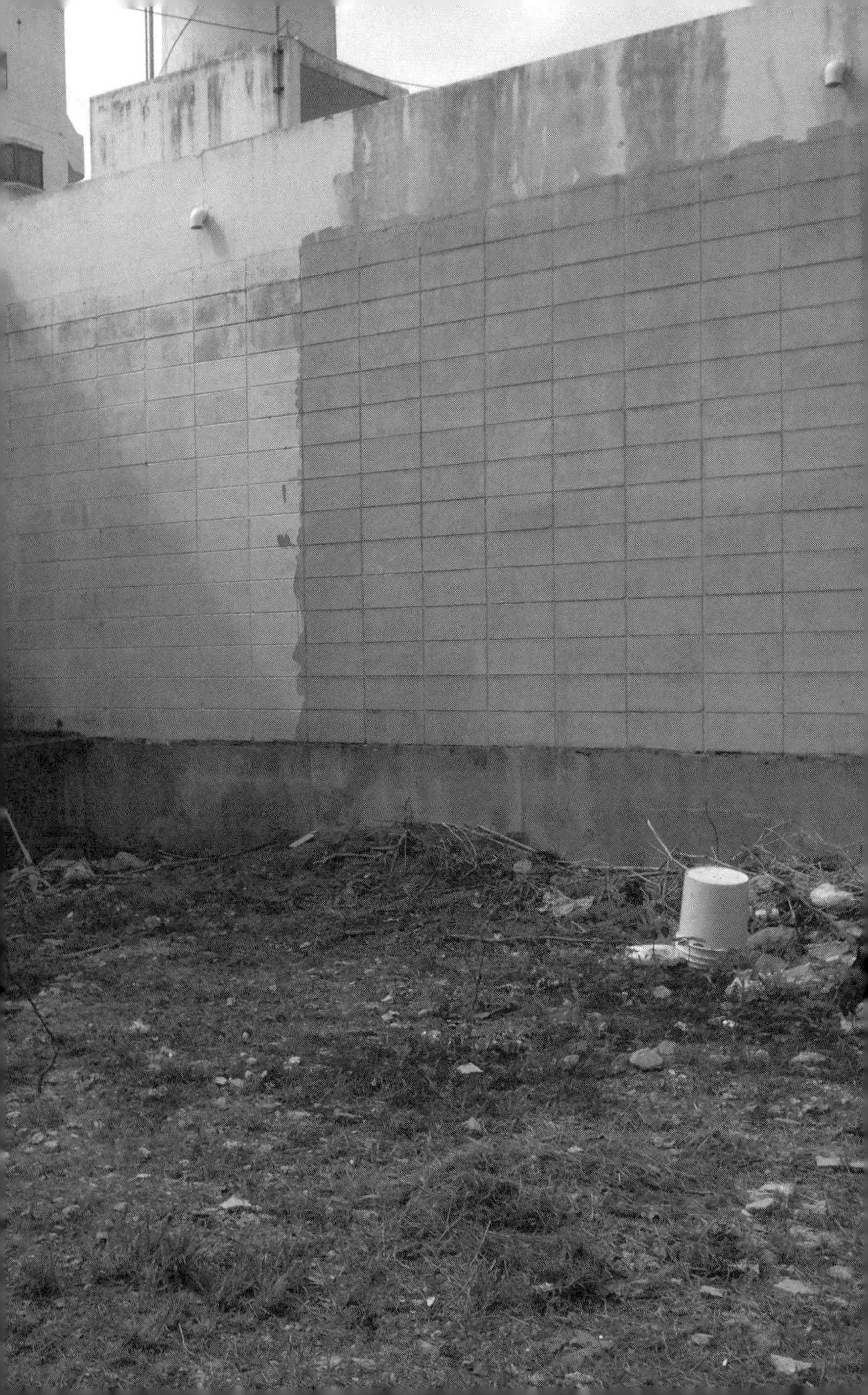

KBC
NISSAY
NISSAY
M's garden

い」になった。沖縄は変わった、と私たちが言うとき、それはいつも、本来の沖縄的なものが失われてしまった、もともとの沖縄の良さが消えてしまった、と言う語り方になる。それは確かにその通りだ。沖縄の風景はずいぶん、「内地っぽくなってきた」と思う。

しかしまた他方で、いまもなお変わらずしっかりと存在する沖縄がある。

先日、Facebookで、「沖縄方言だと思われてない沖縄方言」の話題で盛り上がった。沖縄では、服のサイズが小さいことを「服が狭い」って言うよね、と私が書き込んだら、沖縄の友人たちがいっせいにざわざわしていた。マジですか。標準語だと思ってました。じゃあ逆にどう言うんですか。もしかして「店がいっぱいしてる」とか、「クーラーが逃げる」もウチナーグチですか。

最後には「スカッチブライト」の話になり、その言い方も沖縄独特ですよ、と言うと、ひとりが「じゃあ、どんなして床をみがくんですか！」

「どんなして」もまた沖縄の表現なので、思わず笑ってしまったが、これこそ私がいつも感じている「沖縄らしさ」を表す話だな、と思った。いつもそこにあって、誰もが知ってるけど、誰も気づかない。当たり前すぎて、注意して見ないとわからない。そして、私はそういう沖縄がいつも存在していることに、安心する。これからもずっと、こういう表現を大事にしてほしいと思う。

那覇空港に降り立つたびに気づくのは、沖縄の「空気」の、湿気を含んだ独特の甘い匂いだ。それはとても強烈な匂いで、私はいつも深ぶかと胸に吸い込んで、沖縄に来たことを実感する。しかし面白いことにその匂いは、沖縄に到着して三十分も経つと、まったく感じられなくなるのだ。人間というものは、匂いにすぐに慣れてしまって、感じなくなる生き物のようだ。

しかし、おもろまちの街や県内各地のイオンモールといった、もっとも「沖縄的でない場所」を歩いているときに、ふいにこの匂いが蘇《よみがえ》ることがある。あの濃厚《のうこう》な、とろりと甘い、亜熱帯の香り。それはいつもそこにあるが、気づかないものなのだ。

沖縄は常に過去形で語られる。沖縄の沖縄らしさ、その独特の文化や習俗、そして自然までも、それはいつも「いまでは少なくなったけど」「昔はもっとそこらじゅうにあったけど」というフレーズを伴って語られる。私たちの若い頃は、子どもの頃は、もっと栄えてたんだけど。このあたりも、昔はもっと賑やかだったけど、いまはもうすっかり寂れて、シャッター街になっちゃって。

あるいは私たちナイチャーの、観光客としての視線。昔はもっと沖縄らしさが残ってたけどね。沖縄もすっかりきれいに、清潔に、つまんないとこになっちゃって。でもどこそこの路地裏を歩けば、まだ当時の沖縄の面影《おもかげ》が残ってるけどね。

それは懐かしい記憶であり、過ぎ去った思い出、もう手に入らない何か特別のものである。沖縄は面影なのだ。そして確かにそのことは正しいようにみえる。あの那覇のバスターミナルも、農連市場も、いまでは失われてしまった。それは正しいことで、必然的なことだ。さすがに、ひとつの県の県庁所在地にあるメインのバスターミナルとしては、あるいはメインの青果卸売市場としては、一九五〇年代に作られたままのあの建物は、ふさわしいものではないだろう。しかしそれは一方で、私たちが愛する沖縄でもある。戦後の沖縄、復帰前の沖縄のことを、私たちはほとんど何も知らない。知識として、事実としていくつかのことを勉強してはいても、復帰前の沖縄の音や匂い、手触り、味わい、その喜びや悲惨《ひさん》を直接経験することはできない。しかし、那覇のバスターミナルや農連市場は確かに、実際に手で触ることができる復帰前の沖縄だった。その暗さ、汚さ、臭さを。かつてのにぎやかなざわめきを聞くことはできないが、私たちはそこに佇《たたず》むだけで、復帰前の沖縄を目で見て、手で触ることができる。そしてかすかにふっと、かつての人々の話し声まで聞こえるような気がする。

那覇のバスターミナル。ほんとうにあのような建物は、もうどこにもない。一九五〇年代に作られた堅牢《けんろう》なコンクリート作りの建物は、つい最近まで沖縄の激しい雨や風や陽光に、十分耐えていたのだ。駐留《ちゅうりゅう》米軍を経由して直接伝えられた戦後アメリカの建築様式そのままの建物は、私たちに、切ないほどの旅情をかきたてた。そこを起点にして、沖縄本島の北から南まで、ほとんどあらゆる場所に向けて、小さなバスがのんびりと走っていく。

沖縄のバスに関する物語は、かつては多かった。バス停でも待ち人がいないと停まらないとか、そのかわり道の途中でも手を上げれば停まってくれたとか、そういう「てーげー」な沖縄文化の象徴として、その路線の複雑怪奇《かいき》さとあいまって、バスの物語は、沖縄を愛する観光客たちによってしばしば語られた。

私もまた、いまだに県内（本島内）の移動にはバスを使っている。那覇の地理に詳しくなるまえは特に、どこに行くにもバスターミナルから乗っていた。いくつかあったバス会社の事務所、薄暗いトイレ、小さな食堂のことは、いまでもよく覚えている。地理的移動はいつもここから始まっていた。それは時間的にも旅の起点であり、終点だった。飛行機に乗って那覇にやってくる。すぐにバスターミナルに行き、バスに乗り、沖縄の旅はそこから始まり、そしてまたそこに帰ってくる。そしてまた飛行機に乗り、内地に帰っていく。バスターミナルは沖縄本島の旅の扉だった。そこを開けることで旅が始まり、そして旅の終わりにまた帰ってきて、その扉を閉める。

その場所がなくなってしまったのだ。とつぜん計画が発表され、あっという間に築六十年のコンクリート造りの建物は解体され、地面が深く掘り起こされ、新たに頑強《がんきょう》な基礎が設置され、その上に巨大な複合ビルが建設されている。そこには一新されたバスターミナルが再び入居するだけでなく、沖縄県立中央図書館もまた移動してくる。あの、与儀《よぎ》というすこし不便な場所にあった、南国の植物を生い茂らせた、静かな、沖縄への愛情に溢《あふ》れた「郷土資料コーナー」を持った、あの県立中央図書館もまた解体され、最新のビルのなかに移転されるのだ。さらには、あの牧志の公設市場の建替も決定された。そのうちあの、沖縄らしさの象徴である場所も、新しくきれいになり、そしてただのつまらない観光施設になってしまうのだろう。

あるいは、あの悪名高いおもろまちという場所。もっとも沖縄らしくない、もっとも本土に近い場所。

沖縄はいま、大きく変わりつつある。しかし沖縄の歴史をよくみると、実は沖縄は（この世界のあらゆる場所と同じく）これまで常に変わり続けてきたのだ。それは不変ではない。それは一定ではない。それは持続的ではない。つねに変容している。

沖縄があらかじめ失われたものとして、あるいはまさにいま失われつつあるものとして語られることは、いまに始まったことではない。それは最初から、ずっと昔からそうだったのだ。

岡本太郎が戦後の早い時期に沖縄で撮影した写真が好きで、たまにぱらぱらと見ている。彼が撮影した沖縄の写真は人気があり、二〇一六年にも、岡本太郎の沖縄写真を再編した写真集が新たに出版された（『岡本太郎の沖縄』小学館クリエイティブビジュアル）。五〇年代の沖縄を撮影した、きわめて貴重な写真だ。ハジチ（女性の刺青《いれずみ》）の老婆《ろうば》、漁師、市場の物売りの女性、沖縄芝居の小屋。どれも、いまの沖縄ではめったに見られない、「ほんとうの沖縄」だ。この時代の沖縄を、ひとめでいいから見てみたかったと思う。

そう思いながら戦後の沖縄の社会変化について調べていて、ふと気づいたことがある。たとえば、こちらも二〇一六年に出版された、『与那原《よなばる》町史資料編 戦後の与那原』（与那原町史編集委員会編、与那原町教育委員会）には、五〇年代や六〇年代の与那原の写真と並んで、とても興味深い地図が掲載されている。聞き取りなどから再現された、親川《おやかわ》通りという商店街の地図だ。ここに、当時営業していた店の場所と名前が記されている。

この地図によれば、五〇年代の親川通りには、製菓店、雑貨商、薬局、歯科医、食料品店、古着屋、パン屋、精肉店などが営業していて、とても賑やかだったらしい。そのうちのいくつかの店は、いまも営業している。

ほんとうに言うまでもない、当たり前のことだけれど、五〇年代といえば沖縄戦が終わってからまだ十数年しか経っていない頃だが、すでに各地には繁華街《はんかがい》が形成されていて、沖縄の人びとはそこで薬や食料品やパンや服を買って、居酒屋やバーで飲んでいたのだ。

戦後の話を高齢者の方がたに聞いていると、よく語られるのが、復帰前は公務員は「給料が安い」という理由であまり人気がなかったが、復帰後になって逆転して、いまでは公務員はと

Coca-Cola
Coca-Cola

アンナ
862-3420

Asahi
ニュー
京

ても人気がある、という話だ。ここでもやはり、ほんとうにこれも当たり前の話だけど、戦後すぐの時代から公務員という職業が沖縄にあったんだなと思う。

そして、私は改めて思う。そういう人びとの、仕事や、家族や、暮らしについては、ほとんど記録に残されていないのだ。伝統的な、あるいは民俗的な沖縄の姿は、失われつつあるもの、破壊されつつあるものと思われていて、しばしばそう語られるのだが、こうして考えてみると、それはいろいろなところで、意外なほど「記録されている」――たとえば岡本太郎の写真のなかに。

しかし、岡本太郎も撮影していない沖縄がある。それは、商店街でパンや薬を買い、サラリーマンや公務員や労働者として働き、当たり前に家族を養っていく、「ふつうの沖縄」の姿である。五〇年代の与那原の地図を見ながら私は、この時代のこの人びとの暮らしはどうだったのだろうと想像してしまうのである。

ねじれと分断

沖縄と日本は、分断されている。そのふたつの間には、境界線が存在する。個々の人生において、その境界線を飛び越えたり、相対化したりするような経験もある。しかし、やはりそうした流動性や多様性の物語を聞き取った後でさえ、その境界線は揺らぐことはない。

沖縄について、あるいは内地について語る私たちの言葉は、その境界線の上で、境界線をめぐって発せらる。それは境界線に縛られる。

しかし、その境界線のあらわれかたは、単純ではない。それはときに複雑にねじれ、回転し、折り重なる。私たちはその線がどこからやってきて、どこを通って、どこに向かっているのかを、つい見失ってしまう。

一枚の写真がある。二〇一三年の二月に、元沖縄県知事の大田《おおた》昌秀《まさひで》さんとふたりで、ハーバービューホテルの上のバーで飲んだときの写真だ。このときすでに大田さんは八十代の後半だったが、私より酒が強かった。

大田さんと飲むときはよく、老舗《しにせ》の名門ホテルのバーから始まる。飲む酒も決まっていて、いつもシーバスリーガルのソーダ割りだ。トールグラスではなくロックグラスで作らせる。

その夜も、ハーバービューの最上階のバーで、ふたりでシーバスを何杯も飲んだ。大田さんのお話を聞いているときはいつも、ガルシア・マルケスの長編小説を読んでいるような気分になる。地名や人名などの膨大《ぼうだい》なディテール、荒波のように押し寄せる感情、複雑に分岐《ぶんき》する迷路のような物語。それは、沖縄の戦後史そのものだ。

ふと横を見ると、カウンターの隅で七十歳ぐらいの男性がひとりで飲んでいた。大田さんは驚いて、やあやあ、おうおうと言いながら立ち上がり、彼のもとへ近寄ると、親しげに肩に手をかけた。男性もまた立ち上がり、「知事!」と言いながら、ふたりは両手でしっかりと長い握手をかわした。

私は席に座ったまま、ふたりの様子を見ていた。ふたりはしばらくそこで、ほんとうに親しげに、まるで久しぶりにあった郷里の親友のように、打ち解けて、楽しそうに言葉を交わしていた。やがて大田さんが私たちがいた席に戻ってきて、こう言った。彼のこと知ってる? 國場《こくば》幸一《こういち》。國場組の、社長。ええ、あの方が。私はおどろいた。

國場組は沖縄最大のゼネコンで、戦後の米軍占領期に、軍事基地建設で大きく成長した会社だ。戦後の米軍の入札《にゅうさつ》に、県内企業で初めて参加した会社である。また、沖縄の保守政界と強い結びつきをもっていて、一族のなかから自民党の国会議員も輩出《はいしゅつ》している。

つまり、沖縄の革新政界の象徴的な存在である大田昌秀さんとは、政治的な立場としては真逆なのだ。

しかしそのふたりは、那覇の夜景を背に、まるで長い時を経て再会を果たした友人のように、親しそうに、楽しそうに話し込んでいた。

私はそのとき、沖縄の指導層の人びとの、左右の政治的対立を超えた結びつきを垣間《かいま》見たような気がした。その場で私は、右も左も関係なく戦後の沖縄の人びとを引っ張ってきた人びとの、自負と、覚悟と、ある種の連帯感のようなものが存在するのを感じた。

沖縄の右と左は、こちらでいうところの右と左とはかなり違っている。とくに沖縄の保守派はもともと、日本に対する同化主義を内面化しながらも、それにおさまらず、「国と喧嘩してでもカネを引っ張ってくる」という感覚を持っている。かれらには「島の人びとにメシを食わせてきた」という自負がある。「沖縄の心は」と聞かれて、「ヤマトンチュになりたくて、なりきれない心」と即答したのは、復帰後第三代沖縄県知事で、戦後沖縄政界の保守派の大物、西《にし》銘《め》順《じゅん》治《じ》だった。「なりきれないが、なりたい」ではない。「なりたくて、なりきれない」のだ。それは右も左も関係なく、沖縄の人びとが心の底で感じていることだろう。

ハーバービューホテルは、沖縄戦後史のなかで特別な位置をしめる。米民政府高等弁務官のキャラウェイが「沖縄の自治は神話である」と言い放ったのが、まさしくここだったのだ。一九六三年のことである。

ハーバービューはもともと、沖縄を占領した米軍の将校クラブだった。やがてここは那覇でも名門のホテルとなった。

そして二〇一五年四月五日、翁長雄志《おながたけし》知事が菅官房長官と初めて会談したときに選んだ場所が、このハーバービューだった。知事はその場所で、日本政府のやり方は「キャラウェイを思い出させる」と発言した。

そのあとも翁長知事は、何度か日本政府の要人との会談の場で、沖縄戦後史に残る言葉を引用している。沖縄には、日本本土とは異なる歴史がある。その歴史を、私たち日本人は共有できていない。

この写真にも写っているが、ハーバービューのバーのカウンターから見えているのは、沖縄県庁だ。この同じ場所に、琉球政府も存在した。その建物は一九九〇年まで現役で使われていた。沖縄県庁の見えるバーで、日本政府に向かって「代理署名拒否」という刀を抜いた元県知事——琉球大学の社会学者でもある——と、保守政界にも太いパイプを持つ沖縄最大のゼネコンの社長が、親しげに酒を酌み交わしているところを見て、私はあらためて、沖縄とは何か、政治とは何だろうかと思った。そしてそこに居合わせた私は誰なのだろうか。

右と左だけではない、もうひとつの軸。私たちと、あなたたち。こちら側と、向こう側。そういえば沖縄は、復帰後六年経つまで、車は道の右側を走っていた。一九七八年七月三十日、通称「ナナサンマル」の日まで、沖縄と日本の右と左は、逆だったのだ。

國場さんはしばらくひとりで飲んだあと、私たちに挨拶《あいさつ》をすることもなく、ひとりでそっと帰っていった。私たちは彼が帰ったことにも気づかなかった。

やがてバーテンが、さきほど帰られた國場様からです、と言いながら、私たちの前に、二杯のシーバスリーガルのソーダ割りを置いた。ちゃんと自分が帰ってから酒を出すように、バーテンに指示したのだろう。余計なお礼を相手にさせることなく、さっと消えるようにいなくなった。なんて粋《いき》なんだろう。

それにしても、ちゃんと相手の好きな酒まで知っている、わかってるんだなあ、と思った。それに比べて、私は沖縄のことはぜんぜん知らない、わからないんだなと思った。

右と左という、簡単そうに見えることでも、こんなに違う。

アーシュラ・K・ル＝グウィンの『ゲド戦記』は、架空《かくう》の世界を舞台にした物語だ。その世界では、存在するすべてのものが「真の名《まこと》」を持っている。物体だけではなく、植物や動物も、そしてもちろん人間たちもみな、それぞれ特有の真の名を持っている。

その世界では魔法が生きている。そして、もし何かに魔法をかけようと思ったら、それが人でも物でも、その真の名を唱えないといけない。

このように真の名は、それを唱える者に、あらゆる物体や生命の形を思い通りに変え、意のままに操るための力を与えてくれるのである。その意味で、真の名は単なる言葉なのではない。『ゲド戦記』の世界ではそれは、言葉と実在をつなぐ重要な鍵なのだ。

ゲドの世界では、すべての物や生き物や人間が、そのような名を持っている。しかし私たちの世界には、そのようなものはない。私たちの世界には魔法は働かないのだ。

それでもたまに、ただの言葉を超えてひろがり、人々に影響を与え、世界のあり方を変えてしまう言葉が、この世界にも存在する。

そしてその言葉は、いつも良い方に働くとは限らない。

二〇一六年十月十八日の朝。沖縄県の北部にある東村高江《ひがしそんたかえ》の米軍ヘリパッド建設工事現場で、工事に反対する活動をしていた芥川賞作家の目取真俊《めどるましゅん》に向かって、警備にあたっていた大阪府警の機動隊員が暴言を吐いた。

触るなクソ。どこつかんどんじゃボケ。土人《どじん》が　（『沖縄タイムス』二〇一六年十月十九日）

このニュースはただちに沖縄タイムスと琉球新報、その他県内のテレビ局によって報道された。そして同時に、全国のメディアでも伝えられることになった。

市民の、特に沖縄の反応は、非常に激しかった。連日このことがメディアによって伝えられ、県知事をはじめとする多くの著名人が批判的なコメントを寄せた。結果的にこの暴言《ぼうげん》を吐いた機動隊員は戒告処分《かいこくしょぶん》となった。

この発言については、すでに多くの論者が、日本の側の歴史的な植民地主義と関係付けて分析している。ずっと前から、おそらくは琉球王国を一六〇九年に武力で制圧したときから、日本人には沖縄に対する植民地主義的な感覚がある。今回の発言も、私たちのなかで連綿《れんめん》と続く沖縄差別の体質が生み出したものであることは間違いない。

しかし私は、その来歴よりも、それがこれからどのように広がっていくかを考えてしまう。それはどのような効果をもたらし、私たちの世界をどのように変えてしまうだろうか。

この「土人」という言葉によって、沖縄の人びとのなかで、さまざまな記憶が呼び起こされた。こんなこともあった、あんなこともあった、こんな発言も昔あったと、有名な大事件から個人的なささやかな記憶まで、あらゆるレベルで、沖縄がこれまで幾度《いくど》となく日本から受けてきた傷の一覧表が更新されていったことだろう。

そうして呼び覚まされた様々な記憶はただちに、私たち日本への、疑いの眼差しに変わるだろう。やっぱりみんなそう思ってるんだな。お前はどう思ってるんだ？　同じように思ってるのか？　沖縄の人びとのあいだで、ある種の「他者性」、あるいは「日本に対する拒否の感覚」

が更新され、再編され、そして強化される。

この言葉自体は、この事件自体は、そのうち忘れられるかもしれない。たくさんある沖縄差別を表す事件のひとつとして、やがてそのインパクトも薄れていくだろう。しかし、その言葉自体は消え去っても、それがもたらしたもの、それが揺り動かしたもの、それが呼び覚ましたものは、形を変え、名前を変えて、沖縄の人びとのあいだにしっかりと根付いていくだろう。それは世界を再び変えてしまったのだ。これまで何度も何度も沖縄に浴びせられた言葉と同じように。

私たちの世界がファンタジーと違うのは、こうしてつくられた亀裂《きれつ》を閉じ、隔壁《かくへき》を破壊し、世界をもとに戻す言葉が存在しない、ということだ。私たちの世界に存在する物や生き物には、真の名はない。私たちは、世界の実在に遠く届かない、頼りない「世俗の言葉」しか持ち合わせていないのである。私たちの言葉は、世界を壊すばかりで、それを回復する力を持たされていないのだ。

私たちはそれでも、この弱々しい世俗の言葉で、世界のあり方を何度も語り直さなければならない。それしかできることはない。

そして沖縄では、もっと複雑にねじれた言葉が発せられることがある。

二〇一五年三月五日、『琉球新報』で次のようなニュースが報じられた。三月四日、普天間基地の辺野古《へのこ》移設に反対して海上での抗議活動をおこなう市民に対し、ひとりの海上保安官が「腐《くさ》れナイチャー」と叫んだ、というのである。琉球新報のYoutubeチャンネルでは、この発言がはっきりと録音されている動画も公開されている。

腐れナイチャーという言葉には、若干の説明が必要だろう。それは沖縄ではかなりきつく、汚い言葉で、「クズの内地人」ほどの意味だ。それは日本と沖縄との複雑な関係を一挙に表現する言葉である。沖縄は、日本のひとつの県といっても元々は別の国であり、戦後二十七年間にわたって米軍に占領されていたという、他の地域には考えられないような独自の道を歩んできた。そして基地問題。穏《おだ》やかでにこやかで、どこまでも優しい沖縄の人びとの心のなかに、日本に対する反発や「違和感」は確かに存在する。基地問題のためばかりではない。私たちがこれまで沖縄にしてきたすべてのことが、この「拒否の感覚」のもとになっているのである。「腐れナイチャー」のニュースは、日本と沖縄の関係を、ある種のやり方できわめてクリアに、徹底的に明らかにしている。ここで腐れナイチャーと呼ばれているのは、辺野古に基地を作ることに反対する、おそらくは内地出身の市民である。そして、この言葉を叫んでいるのは、おそらくは沖縄出身の海上保安官である。

辺野古の座り込みをはじめとする沖縄の反基地闘争に、多くのナイチャーが参加していることとはよく知られている。もちろん、それはとても大事なことであり、正しいことである。しかし、沖縄を愛し、真剣に沖縄のことを思う私たちは、あるとき急に、腐れナイチャーという言葉を投げかけられるときがある。沖縄の人びとの、優しさや穏やかさに、何かのきっかけで亀裂が入り、その隙間から急に、この言葉を突きつけられることがある。それが政治的に正しいかどうかはまた別の話だ。右だろうが左だろうが、ナイチャーはナイチャーなのだ。そしてウチナンチュはウチナンチュである。そういうことを、思い知らされる瞬間が来るのだ。私たちはそんなとき、心から驚き、狼狽《ろうばい》する。私は何もやっていない。私が基地を普天間に置いたわけでもないし、私が搾取《さくしゅ》的な経済システムを作ったわけでもない。私がいま辺野古に新しい強大な基地を作ろうとしているわけではない。むしろ逆だ、私は沖縄のために、基地に反対しているのだ。そんなこと言われるなんて心外だ。

あの言葉を投げかけた（おそらくは）沖縄出身の海上保安官がどのような立場で、どういう気持ちだったのか、あの言葉を投げかけられた（おそらくは）ナイチャーの市民は、どういう立場で、どういう気持ちだったのか、正確なことを知ることはできないし、そもそも本当に私がここで書いたような関係性だったのかさえ、明らかではない。しかし私はニュースを読んだとき、私がこれまで投げかけられた、さまざまな言葉たちを思い出した。

二〇一七年の終わりに、読谷村《よみたんそん》のチビチリガマに何者かが侵入し、内部を破壊した。遺骨にまで手がかけられていたそうだ。チビチリガマは、沖縄戦のときに凄惨な集団自決（強制集団死）の現場になったところで、多数の一般市民の犠牲者が出ている。そこは現在では沖縄戦の戦跡になっていて、慰霊碑《いれいひ》などが設置されている。何者かがそこに侵入し、施設だけでなく、実際に遺骨《いこつ》が入っている骨壷《こつつぼ》までも壊されていた。

こういうことは実は初めてではない。一九八七年に同じチビチリガマ前にある「平和の像」が破壊されているし、二〇一三年には、辺戸《へど》岬《みさき》の祖国復帰闘争碑の背面の説明文が、何者かによって持ち去られ、失われるということがあった。また、二〇一五年には、辺野古の新基地建設に反対する市民のテントが襲撃された。逮捕《たいほ》されたのは三名だが、酒に酔った二十名ほどの男女がテントに乱入し、立て看板などを破壊し、市民に暴行をはたらいたという。

沖縄以外でもこういうことが起きている。二〇〇五年、広島の原爆死没者慰霊碑が右翼団体の男によってハンマーで破損された。「過ちは繰り返しませぬから」という有名な碑文《ひぶん》の「過ち」の部分が削られていたという。その後、二〇一二年にも、同じ碑文がスプレー塗料《とりょう》を吹き付けられた。

これらの犯行の多くは右翼《うよく》団体の構成者によるもののようだが、「平和」や「反戦」、あるいは「共生」に対する攻撃的な雰囲気は、すこしネットを見ていれば、この国にひろく行き渡っていることがすぐにわかる。個人的に印象に残っているのは、二〇一三年のオール沖縄の東京行動についての話だ。普天間基地へのオスプレイ配備反対と同基地の辺野古への移設に反対する、県内全四十一市町村の首長たちが銀座をデモ行進したが、そのときに沿道から日の丸を掲げた集団が罵声《ばせい》を浴びせたのだ。

ネットでも路上でも、ヘイトスピーチが絶えない。周知の通り、それはごく一部の、ごく少数のユーザーによるものなのだが、なんとなくこの国を覆う「気分」を代表しているのではないか、と思っている。そして、ある女性政治家の「二重国籍」問題をめぐる騒ぎをみてもわかるように、その「気分」の矛先《ほこさき》はしばしば、女性や外国人に対して向けられる。そして今回のように、死者に対してさえも。

むしろ、死は生よりも暴力の対象になりやすいかもしれない。ある死が、どういうものだったのか、そしてそれがどういう意味を持たされうるかをめぐって、ひどい暴力がふるわれることがある。とりわけ、死の「責任」をめぐって。

だが、今回のチビチリガマの事件は、かなり事情が異なっている。ガマに入って骨壷までも破壊したのは、四名の沖縄の少年だった。二人が無職、ひとりは現場作業員で、もうひとりは休学中の高校生だったという。

この事実は、沖縄県内外で大きな驚きをもって受けとめられた。誰もが、誰かが何らかの政治的意図のもとで、平和活動の聖域《せいいき》になっているガマを破壊したと思い込んでいたからだ。私自身もそう思っていた。しかし、ここを破壊したのは、特に政治的主張を持たない、沖縄の不安定層の少年たちだった。

沖縄で、日雇い労働者や暴走族などの若者たちを対象にフィールドワークを続ける打越正行は、次のように述べている。

地元社会で下積みを重ねてデビューするのではなく、今回の事件は、その場で、そのときだけ、その集団だけの「ノリ」で生じたことのように推測できる。

そしてこのような遊び方の違いは、学校からも、そして就労世界からも十年以上にわたり排除《はいじょ》してきたことによって、生まれたことである。

進学できなかったこと、仕事に定着できなかったこと、二十代の先輩も建築現場に定着してなかったこと、仲間集団も不安定で遊び方を知らなかったことなど、それらの事象が逮捕された少年らに折り重なって、最終的に彼らが事件を起こした。（打越正行「沖縄「チビチリガマ荒らし事件」とは何だったのか？」『現代ビジネス』、二〇一七年十月二十七日 http://gendai.ismedia.jp/

articles/-/53299)

つまり、こういうことだ。沖縄に限らず、不安定層出身の若者たちはしばしば暴走族や「ヤンキー」になって、地元社会の強固な上下関係のなかに組み込まれてきた。そうした関係性の結節点《けっせつてん》になったのは、日雇《ひやと》いの建築労働だった。しかしこの二十年間の、不景気や産業構造の変化によって、建築労働に参入する若者が減少した。ヤンキーや暴走族は、ドロップアウトした不安定層の若者たちを地元の社会秩序に包摂《ほうせつ》する装置として機能していたのだが、そこに加わる若者も減少している。また同時に、核家族化・単身化・少子化によって、前世代の記憶が継承《けいしょう》されなくなっている。これらのことが重なって、これまでのヤンキーやグレた若者のたわいもない肝試《きもだめ》しではありえなかったようなことが起きてしまったのだ。

前記の記事で打越正行がインタビューした暴走族出身の若者は、「ちょっと調子に乗ってそういうことをしようとしても、普通だったら誰かが止めさせてる」という意味のことを語っている。ガマという場所がどういう場所なのかが、祖父母や曾《そう》祖父母の世代から下に伝わっていないということ、ヤンキーや暴走族という、グレた若者をそれなりに秩序につなぎとめる装置がなくなりつつあるということ。こういうことが重なって、この事件が生じたのだ。

この事件は、沖縄社会のなかに深い分断が存在することを示しているのだが、実は沖縄社会のなかには、もとからたくさんの分断が存在していた。

一九五二年に沖縄県南部で生まれ、中学を出てから本土就職で短期間大阪で暮らした男性から、本土での暮らしと沖縄へのUターンの物語を聞き取ったとき、復帰運動について、こう語られた。

――「このとき七十年ですね……そろそろ沖縄も復帰……」

復帰の、二か月前ぐらいかなあ、もうあの当時から決まりかけていたんじゃないかなあ。

――「なんか復帰運動に関わったとか、そういうことは」

ううん、ないないないない。あれはもう公務員がやる仕事で（笑）。あれたちはもう、日当もらいながら運動しているよ。（拙著『同化と他者化』一四五頁）

ある種の社会運動が、教員や公務員などの「安定した」人びとによって担《にな》われる「遊び」のようなものとして捉えられている。このイメージは、現在でも多くの沖縄の人びとが共有している。沖縄だけでなく、それは日本社会全体にひろく行き渡っている。ここで語られた「日当」の語りは、たとえば、「辺野古の基地建設に反対して座り込みをおこなうテント小屋の人びとは、どこかの組織から日当をもらっている」というデマと、よく似ている。それは現在でもインターネットで拡散されているが、このデマの原型がここで語られているのだ。教員や公務員や組合活動家が「日当」をもらって社会運動に参加する、というデマは、昔からこの国に広がる都市伝説なのかもしれない。

沖縄の内部に存在する、階層的な分断と反発が、ここで語られているのである。

あるいは、上間《うえま》陽子《ようこ》による『裸足で逃げる』（太田出版、二〇一七年）。女性たちに静かに寄り添う、地道な、淡々とした文で綴られたこの本は、沖縄についての語り方を根底から変えてしまった。沖縄の女性たちへの虐待や暴力や搾取が、沖縄の男性たちによっておこなわれているということを正面から描いたこの本は、階層やジェンダーで深く、厳しく分断される沖縄社会の深い部分を、女性たちの視点から、静謐《せいひつ》な文体でじっくりと浮かび上がらせていく。

三上《みかみ》智恵《ちえ》監督作品のドキュメンタリー『戦場ぬ止み《いくさばのどぅどぅみ》』の舞台は、前作『標的の村』に引き続き、沖縄の辺野古だ。普天間基地を「返還」するかわりの条件として、アメリカと日本の政府は、ここに巨大な軍港を含む新たな基地を建設しようとしている。巨大な軍事基地の建設に反対する人びとが、地元だけではなく日本中や世界中から集まり、座り込みと抗議活動を続けている。

この映画の主人公のひとりが、「文子おばあ」と呼ばれる女性だ。辺野古でもう六十年も暮らしている。撮影当時、八十五歳。

本作は数多くの人びとが登場する「群像劇《ぐんぞうげき》」だが、三上監督が撮る文子さんのシーンは、他のシーンと少し雰囲気が違っている。カメラはぐっと文子さん個人に近づき、静かにその傍《かたわら》に佇み、じっとその顔を見つめる。緊迫《きんぱく》したシーンが続く映画だけど、文子さんが登場するときは、監督の演出も少し控えめになる。まるで、映画のなかに差し込まれた、もうひとつの別の映画のようだ。

文子さんは辺野古の抗議活動の、最前列に参加している。工事車両を、体を張って止めることもある。警備員に取り囲まれて圧迫されても平気だという。

弟と母親と三人で逃げ込んだ糸満の壕で、米軍から手榴弾《しゅりゅうだん》と火炎放射器で攻撃された。自分自身だけでなく、母親も重傷を負い、目が見えなくなった。全身皮がめくれ、蛆《うじ》がわいていたという。自身も火を浴び、全身がケロイドになった。文子さんはいまも体に残る傷をカメラに向けながら、「パンツだけ、付けて見せようか（笑）」と冗談を言う。

沖縄戦のあと、家族三人はバラバラになるが、宜野座《ぎのざ》の収容所の病院テントで再会した。しかし、母親は文子さんが呼ぶ声にも反応しなくなっていた。抱きしめても「人形のよう」だったという。収容所の他のひとから、「あんた娘さんね。あのね、あんたのお母さん、あした風呂入れるというから、お風呂入れられたら最後だよ」と言われた。要するに、助かりそうにないものを毒殺するのだ。その前に風呂だけ入れてやっていたのだろう。「戦争で生き延びてきたのに、ここでまた殺されてたまるか。ということで、母連れて逃げたんだけどさ。」

戦後は十代のころから、母と弟を養うために、米軍基地でも働いた。結婚してから六十年も辺野古に住んでいる。母親を引き取り、自宅で看取《みと》ったという。母親は九十五歳だった。

しかし文子さんはとてもたくましく、元気で、そして笑いが好きだ。あるとき、抗議活動の差し入れのお菓子を作りながら、こんな話をする。

昨日なんかね、たくさんゆで卵やって持っていったわけ。ひとりに二個ずつ配給したわけ。男のひとにさ、あのね、どうぞこれ。何ねというから、あんたも二個ある、ついてるでしょ（笑）。

でも食べてといってあげたらさ、おばあ、おばあでも女でしょというからさ、おばあになってから女ということがあるかー、なんでよ。すこし恥知ってって言うからさ、こんなので恥しれっていったらさ、どうするの、これしかないのに話は。

……世の中には男と女しかいないでしょ。話のタネとしてはさ、上等だよ。それが、笑いがあるさ。

文子さんは、子どもができなかった。十三年前に夫を看取ったあと、現在はひとりで暮らしている。沖縄では旧盆の時期には遠く離れた家族も集まり、エイサーなどもおこなわれて賑やかに過ごすことが普通なのだが、文子さんは沖縄風の仏壇《ぶつだん》に、菓子や手作りの餅などを並べ、ひとりで旧盆を過ごす。

家族で逃げ込んだ壕と、死体の血が混じった水を汲んだ窪地《くぼち》を探しに糸満を訪れた文子さんは、そこでこんな話をする。

そしたらね、母が生きてるときによ、なんでそう言ったのかしらんけど、私が亡くなったあとは、涙を流しながらね、ウートートー（先祖供養《くよう》）も、まつりごと（年中行事）もするんだろうねあんた、って言われたことがね、心に残ってるわけよ。それが忘れられない。

親の言ったとおりになった。自分ひとりさ。お正月もお盆も何も。楽しみも苦しみも自分ひとりでやるんだから。うちの母はそれを見抜いていたのかなあと思うわけ。

わからないけど、やっぱり親は私が子どもないのをわかってるさ。だからそう言ったのかな。泣きながら行事をやるんじゃないのと言ったのかなと私思うわけ。

それを思うと、バカな話もしてバカな真似やらないとね。生きられないわけよ。いくつになっても涙の枯れないのはね、そう言うものかな。……何をするのも今度こそ、泣かないでと思うけどね。親の言ったこと何か考えると喉がつまってね。涙をおさえることができないわけ。


本作には、辺野古で抗議活動を続けるリーダーや、そこに長年にわたり参加する家族、あるいは地元の海人《うみんちゅ》などが出演している。しかし私は、このおばあの語りに、深く静かな感銘《かんめい》を受けた。人というものは、さまざまなものを背負い、それぞれの事情のなかで、できるかぎりのことをしようと、必死で生きているのだ。

この映画にも、抗議船に乗る漁師と海上保安庁のゴムボートの職員が和やかに会話し、基地賛成派の漁師が抗議活動のテントに豪華《ごうか》な刺身を差し入れするシーンが出てくる。三上監督は、そういうところまで丁寧《ていねい》に描いている。三上智恵が言いたいことは、結局のところ、ここには人びとが暮らし、そこで生活している、ということなのだと思った。辺野古には人間が住んでいるのだ。そして抗議活動をしているのも人間であり、さらには、その活動を抑圧する側に回っているのもまた、人間なのである。

凄惨な沖縄戦を体験し、そしていま辺野古でふたたび「戦争」と立ち向かう文子さんは、子どもができずに、旧盆をひとりで過ごしている。母親の思い出を、涙を流しながら語る。そして同時に、たわいない冗談を放って、おおらかに声をあげて笑う。そして、物語の終盤《しゅうばん》で、文子おばあは機動隊に転倒させられ、救急車で運ばれる。

私たちナイチャーは、沖縄をどう語っているだろうか。私たちはときとして、沖縄という場所にいろいろな人びとが住んでいて、いろいろな意見を持っているということを「悪用」して語ることがある。私たちは、沖縄には基地を容認するひとも、補助金を頼って生活しているひともたくさんいることを語るし、基地反対派の人びとが、単なるよそ者の活動家の集まりだと思われていることも多いということを語る。しかし私たちはそうした話を、沖縄の人びとの平和にたいする思いを「解体」するために使ってしまうことがある。私たちは沖縄について詳しくなればなるほど、物知り顔になり、平和活動に対して冷淡になり、補助金なしでどうやって沖縄の経済を維持していくのと皮肉に問いかける。それにすがって生きてるひとも多いんだよ、と。

したがって、沖縄の内部に存在する多様性やさまざまな亀裂《きれつ》について語ることは、とても危険なことなのだ。

しかし、三上監督は、抗議船とゴムボートとの交流を描くとき、あるいはまた、さまざまな重い荷物を背負っていきているひとりの女性を描くとき、映画の枠組みからずれていくディテールを、いままさに沖縄が経験している、あるいは戦後ずっと経験し続けている苦しみを相対化するために使うようなことは絶対にしない。むしろ逆に、三上がさまざまな多様性やディテールによって表現しようとしていることは、「ここには人間が住んでいるんだよ」という、きわめて単純な事実なのである。

そして私たちナイチャーは、私たち日本人は、その「人間が住んでいる」村に、巨大な軍事基地を作ろうとしている。

分断があり、亀裂がある。そして、その分断や亀裂の向こう側に、こちら側とむこう側の境界線が、しっかりと横たわっている。

もし、この「沖縄内部の分断や亀裂」と、「沖縄と内地との境界線」とを、たがいを相対化することなく同時に描くことができるとすれば、それはおそらく、「ここに人間が住んでいる」という単純な事実を通じてである、と思う。

終章

境界線を抱いて

沖縄はいつも、愛され、欲望されている。

沖縄はしばしば、「女性」を語るための形容詞を付けられて語られる。それは優しく温かい場所、私たちをいつでも受け入れて、癒してくれる場所だ。対して本土の東京は、冷たくてビジネスライクな、経済至上主義的な、排他的《はいた》な、弱肉強食の競争社会であるとされる。それらは、どちらかといえば「男性的」な形容詞である。もちろんこれらの形容詞は、実際の男性や女性とは何の関係もないが、とにかく東京は冷たく、沖縄は温かい、と語られている。

しかし、那覇の久茂地あたりを歩いていると、そこは癒しの島でも温かい共同体でも何でもなく、ただの官庁街、ビジネス街だ。一四〇万人が暮らす県の県庁所在地のど真ん中だから、当たり前なのだが。だから、那覇は沖縄らしくないとよくいわれる。

たとえば、那覇に比較して、沖縄市や糸満市のような小さな街が、ちょうど内地に対する沖縄と同じ位置で語られることがある。冷たい、ビジネスライクな、都会的な那覇に対して、優しい共同体の濃いつながりのなかで生きている、もっとも沖縄らしい糸満やコザ（沖縄市）の人びと。

しかし同じ沖縄市のなかでも、都心であるコザと、すこし離れた美里《みさと》が、内地と沖縄、あるいは那覇とコザの語り方の組み合わせで語られることがある。都会的なコザと、村落共同体的な美里。

一方で、都会的で、合理的で、ビジネスライクで、近代的なものがあり、他方で村落共同体的な、前近代的な優しい癒しのムラ社会がある。この「話法」の組み合わせは、それぞれのレベルとサイズで、どこにでも繰り返し出てくる。アメリカと日本、日本と沖縄、那覇とコザ、コザと美里、沖縄本島と離島……。沖縄が前近代的なムラ社会である、と言われるとき、それは暗黙のうちに東京と比較されてのことであり、決してフィリピンやタイと比較されているのではない。たとえばフィリピンの離島と比べると、那覇の都心はとても近代的な大都市にみえるだろう。そういうところとは、沖縄は比べられない。あるいは、東京に対する沖縄の語られ方は、東京に対する大阪の語られ方とよく似ている。そして、東京に対する大阪の語られ方は、那覇に対するコザや糸満の語られ方と、とてもよく似ている。

このように考えると、「沖縄らしさ」というもの自体が、意味のないただの「話法」のように思えてくる。すくなくともそれは、暗黙《あんもく》のうちに比べられたものとの対比においてしか、実質的な意味をもたないのである。

もうひとつ、沖縄らしさの話法で目につくことがある。私たちは沖縄というものを、マイナ

ーなものとしての、弱いものとしての、少数者としての「女性」的なラベルのもとで語るのだが、しかし同時に、沖縄の人びとの、権力に対する抵抗、自由と自治を求める闘いに対するロマンティックな話法もまた、私たちが沖縄を語る語り方のなかにしっかりと根を下ろしている。

たとえば、そうした「抵抗するウチナーンチュ」の語りに何度も現れるのが、コザ暴動というシンボルである。一九七〇年、沖縄の本土復帰直前に、コザで生じた民衆暴動は、米軍支配への集団的な抵抗と蜂起《ほうき》として語られている。私たち、特に日本やアメリカの国家権力に対して批判的な人びとは、この暴動をとてもロマンティックに語る。私たちはそこに、政治的な抵抗の、闘争《とうそう》の、あるいは「革命」の可能性さえ見出す。ここでは、もっともありふれた「優しく温かいウチナンチュ」にかわって、「怒れるウチナンチュ」が登場する。内地の批判的知識人たちによって、コザ暴動はひとつの「理想的状況」である。内地のインテリによって何かを仮託《かたく》され、理想化されるウチナンチュたちの怒り。

だが、それはそれで、ひとつの沖縄を語る際の話法である。なぜなら、基地と共生する沖縄、基地を容認する沖縄、米軍とともに生きる沖縄もまた存在するからだ。コザ暴動の最中でさえ、すべてのウチナンチュが立ち上がったわけではない。むしろそれは、沖縄全体からみれば、局地的な、限定的な暴動だった。

さて、もしこのような話法が、過度な一般化であり、勝手な単純化であり、ただのラベル貼りであるとするなら、私たちに残された他の選択肢は何だろうか。そうした単純化された沖縄にかわって、複雑な沖縄、流動的な沖縄、多層的な沖縄を描けば、問題は解決するのだろうか。だが、複雑な、流動的な、多様な沖縄を語ろうとするときでさえ、いかなる話法からも自由になろうとすることは、ほんとうに困難だ。そうした多様な沖縄は、それはそれで、ひとつの真逆の政治的話法を引きつけてしまうのである。

例えば、多くの保守派の論者たちは、沖縄の基地被害や貧困や差別の問題を相対化するために、「多様な沖縄の現実」をぶつけてくることがある。その際に、「たくましく、したたかな沖縄の人びと」という話法が利用されることがあるのだ。基地被害に苦しむウチナンチュ、という物語を解体し相対化するために、基地と共生する沖縄、基地を利用する沖縄、あるいは基地に「寄生する」沖縄という語りさえ動員されることがある。かれらにとって、基地に苦しむ沖縄、貧困と差別の被害者である沖縄は、本土の左派のインテリたちが勝手に作り上げた一方的で貧しいイメージである。かれらによれば、「現実の沖縄」は、もっと多様で複雑で、そしてたくましくしたたかだ。ウチナンチュたちは、基地を利用しさえするのである。あるいは逆に、基地収入や日本政府からの補助金にぶら下がり、それに寄生《きせい》するウチナンチュの姿も描かれる。基地が存在することで得をするウチナンチュも、基地を容認し、歓迎し、誘致《ゆうち》させるウチナンチュもいるのだ、ということが言われる。その語り方は、左派による一般化や単純化を批判して多様性を強調するという形になっていて、だから自分たちのほうがより「真実」に近い、ということが強調されるのだ。むしろ、こういう言い方がなされる。沖縄の人びとを「単なる」被害者、弱者、基地被害に苦しむ人びととして描くことこそが「差別」である。なぜならそれは、たくましくしたたかな沖縄の人びとを、ただ弱いだけの存在にしてしまうからである、と。

そのもっとも極端な言葉を、辺野古の埋め立てを承認した、元知事の仲井真弘多《なかいまひろかず》の発言のなかにみることができる。「オール沖縄」という看板を掲げて保守から革新まで幅広い支持を得て当選し、国連という場でウチナンチュのことを「先住民」と表現した、現知事（二〇一八年現在）の翁長雄志を強く批判して、次のように語っている。

もういちいちね、しゃくに障《さわ》りましたよ。端的には「基地問題は人権問題だ」という話だと思うが、国連へ行って、自分たちだけの考えのストーリーを、しかも「先住民だ。ずーっと差別されてる。被差別民族だ」とかね。二分間でやっていい話じゃない。県民はおそらく、そんなことをいちいち知事に頼んだ覚えもない。一体、いつからわれわれは先住民に（なったのか）。いろんな人が何百年にわたって内地や中国から沖縄に来てミックスしている。「即、ウチナンチューになってしまう」とわれわれは言っている。いろんな考え方がある中で、ああいう差別、先住民論は、とてもとても受け入れられない。

もう一つどうしても申し上げたい。「本土対沖縄」という構図は現実的でないし、おかしいと思う。沖縄県は非常に貧乏県でもあったし、（県民は）北海道から鹿児島に至るまで、いろいろなところに働きにいった。非常に優しくヘルプしていただいた。非常にみんな感謝している。沖縄県ももう少し頑張って一人前になり、ご恩をお返しできるような時期がすぐくると思っている。ぜひ沖縄に、観光も含めて、歌も泡盛もいいですから、ぜひおいでください。（「仲井真・沖縄前知事『そこまで言うか！』（2）」、『産経ニュース』、二〇一五年十月二十三日 http://www.sankei.com/premium/news/151022/prm1510220013-n1.html）

要するに、「一般化しない」「多様性を強調する」という語り方も含めて、沖縄という対象をどのように語るにしても、沖縄というものに対する政治的態度、位置取り、理想化や相対化から自由になることは、とても難しいのだ。

だから、いっそのこと「語らない」ほうがよいのかもしれない。しかしまた一方で、語り方が政治性を帯びるからといって、何も語らないという選択肢を選ぶことも難しい。語らない、というやり方そのものが、それこそはっきりと政治的なことだからだ。

そして、こういう隘路《あいろ》を抜け出るために問題をずらして、沖縄を直接語るよりも、その「語られ方」を観察しよう、というやり方を採用する人びともいる。たとえば、沖縄とはどういうところか、ということを語るのではなく、「沖縄とはどういうところだと語られてきたか」をみる、というやり方だ。

しかしこれも、結果的には同じことである。沖縄そのものについては語らず、沖縄を語る語り方についてだけを観察しても、それはそれでひとつの、「沖縄を語ることを考える」ためのプロジェクトにはなるのだろうが、結局のところそれは、沖縄そのものについて語る「責任」を回避《かいひ》しているのだ。そしてそれもまた、とても政治的な選択である。

どのように語ればよいか、ということについて、はっきりとした正しい答えは存在しない。ただここでは、この、どのように語るにしても私たちは何らかの意味で政治的になってしまう——南の島への素朴な憧れも含めて——ということについて、もう少し考えてみたい。どう語っても政治的になってしまう、ということが、言いかえればつまり、私たちの沖縄についての語りが、その語り方にかかわらず常に政治的な場にひきつけられ、そこから自由になりえない、ということが、それがそのまま日本と沖縄との社会的な関係の、ひとつの表れになっているのである。私たちが、沖縄に対する素朴な憧れや、政治的抵抗のエネルギーや、単純な多様性について語ることが難しいのは、日本と沖縄とが、非対称的な関係にあるからである。私たちは、自由に、純粋に、沖縄を好きになったり、沖縄を批判したりすることがとても難しい。私たちは、沖縄について、「単に正しいこと」を述べることが、とても難しいのだ。

もう十年以上も前だが、学生たちを連れて辺野古を訪れたときに、小さなバスをチャーターして、せっかくなので平和ガイドの方にガイドもお願いした。来てくれたのは当時五十代ぐらいの男性で、関東出身の、元教員の方だった。彼は行きのバスでずっと、辺野古や普天間についての、少女暴行事件についての、沖縄戦についての話をしてくれたのだが、その話のなかで、辺野古の新基地建設を首長として受け入れて辞任した元名護市長について、こういうことを言った。わずかなお金（補助金）と引き換えにこの美ら海を売り飛ばした沖縄の人は、反省しなければならない。

私は聞くに堪えなくて、彼の話を途中で遮《さえぎ》って止めさせた。そのために彼は機嫌を損ねてしまったが、とにかく私は、ナイチャーの元教員が、苦渋《くじゅう》の判断をした沖縄の地元の人びとを罵《ののし》るように批判するのを、それ以上聞いていられなかった。

ここでは、「中心と周辺」という関係が、幾重にもねじれたまま重なっている。東京という中心に対する沖縄、という関係がまずあるのだが、それと一八〇度ねじれるようにして、那覇という中心とやんばる（本島北部）という周辺があるのだ。北部の貧しさ、周辺性について理解していないと、名護の人びとがどのように考えているかはわからない。そして、少しでもわかっていたら、「わずかなお金で海を売り飛ばした」という表現は出てこないはずだ。

しかし私は、彼の言ったことが「間違っている」とは思わない。そういうことを言いたいのではない。彼が言ったことは正しかった。しかし、私たちが「正しくある」ことで踏《ふ》みにじってしまうものが存在するのである。貧しくあること、従属《じゅうぞく》的であること、周辺的であることから帰結する、複雑で多様な判断は、単純な正しさの基準のもとでは、単なる愚かなこと、間違ったことになってしまうだろう。

しかし、それでは周辺の存在がもつこの複雑さと多様性を強調すればよいかというと、そういうことでもないのだ。そうした話法は、すこし間違えれば、とても保守的な語り方——沖縄の人びとも基地を必要としているのだ、といった——に利用されてしまう。

いずれにせよ、私たちは「単純に正しくなれない」のだ、という事実には、沖縄を考えて、それについて語るうえで、なんども立ち戻ったほうがよい。

そして、さらにその先がある。単純に正しくなれないからといって、私たちは正しさそのものを手放してしまってよいのだろうか。私たちは、沖縄自体を語ることを、あきらめなければならないのだろうか。

多様な沖縄があり、多様な沖縄の個人が存在して、そして多様な沖縄の語り方がある。しかし、その多様性をつぶさに見ていくと、そこにさえも、私たちの言葉や語り方を規制し、編成する力が働いていることがわかる。

つまり、こういうことだ。多様な諸個人の、多様な語りの配置があらわしているのは、日本と沖縄とのあいだにある種の壁が、非対称性が、境界線が存在しているという、単純な事実である。

壁とは何だろう。境界線とは何だろうか。私たちは沖縄に限らず、常に多様で流動するそれぞれの個人と、かけがえのない出会いを果たし、それぞれに個別の関係を結んでいる。そこには壁や境界線など、存在しないようにみえる。

社会学というものを仕事にしていると、いやでも社会とは何か、ということについて考えざるをえない。社会学者だけではなく、社会に生きている人びとすべてが一度は、社会って何だろう、と考えているはずだ。それを世界とか世間とか世の中とか、別の言葉で表現していたとしても、それはすべて社会のことだ。私たちはいつも社会のことについて考えている。

社会とは何だろうか。一般的にはそれは、人びとがお互いにつながっている状態である、とよく言われる。だが、本当にそうだろうか。私たちはみな、社会のなかで生きている。社会というものがつながりと同義なら、どうして私たちは毎日、こんなに寂しいのだろうか。すでに私たちがつながっているのなら、どうしてこんなにいつも、孤独を抱えて生きていかなければならないのだろうか。そもそも、それがすでにつながった状態なら、なぜ私たちは、何度も何度も、つながりの必要性を叫んでいるのだろうか。

社会というものがつながりであり、そのつながりのなかで私たちが生きているとすれば、なぜ「わずかなお金で美ら《ちゅ》海《うみ》を売り飛ばした沖縄人」というような語りが、権力に批判的なはずのナイチャーの元教員の口から出てくるのだろうか。

私たちは実は、つながっていないのではないか。私たちは、私たちとは異なった歴史を歩んでいる人びとのことを、理解することができているのだろうか。

もちろん、言葉のもっとも広い意味では、私たちはみなつながっている。だがそれは、流通や通信、分業あるいはもっと一般的に「市場」という言葉で表現したほうが良いような気がする。そこでなら、私たちはつながっている。あるいは、つながらざるをえない。そこから離れては生きていけないからだ。

たとえ私たちが、私たちの気付かないなんらかの糸でつながっているとしても、そこに社会というものの本質を持ってくるのは、どこか違和感がある。おそらく、社会というものが、ほかの領域、たとえば法律や経済などと区別されるのは、それが人びとのつながりでできているという点ではない。

「社会」なるものの本質がつながりでないとすれば、それは何だろうか（そもそも「本質」なるものをここで私が勝手に決めてよいかどうかもわからないが）。私はそれは、実は交換できないということにあると思っている。だから、つながりとはむしろ逆だ。社会とは、交換できないものたちの集合である。

経済的な領域では、基本的には私たちはすべて交換可能である。いま私が大学でしている仕事も、厳密《げんみつ》にいえば、ほかにできる者はいくらでもいる。私がこの職場にいることに、たまたま公募《こうぼ》を通過したということ以外の必然的な理由はない。労働というものはそういうものであり、雇用《こよう》契約というものはそういうものである。もちろん、あらゆる職場のあらゆる仕事は、それ自体がローカルな知識の集積だから、現実的にはすぐその場での交換は難しい。しかし原理的には、それぞれの仕事には、その担い手についての内的な必然性はない。私たちは全員、交換可能な存在である。

全員が原理的に交換可能になると同時に「かけがえのない個人」という概念《がいねん》が生じるのは、

とても興味深い。しかしこのかけがえのなさは、とても抽象的《ちゅうしょうてき》なもので、それ自体が交換可能である。つまり、「誰もが」かけがえのない個人である、という意味でそれは、全員が交換可能である。あるかけがえのない個人を、ほかのかけがえのない個人に交換しても、そのかけがえのなさは変わらない。ここでも、任意の等価交換がいつでも可能なのだ。

しかし、こういうことがあった。十年以上も前のこと、大阪のある女子大での非常勤の授業をいくつか担当していた。その女子大は古くて大きな公園の隣にあった。時間があると私は、その帰りなどに、その公園のベンチに座って本を読んだり、音楽を聴いたりしていた。それはとても気持ちの良い、静かな公園だった。いつか授業中にいちど、教室にいた女子学生たちに、公園気持ちいいよね、大学の授業なんかサボって、ああいうところのベンチでゆっくり本とか読むといいよ。

そういう話をした、ということを、帰宅してから連れあいに話すと、彼女は苦笑いしながら、若い女性がそういうところで、ひとりでベンチに座って本を読むということが、どれだけリスクがあることなのかを、私にじっくりと説明した。説明は最後には説教になっていた。

私は彼女の語った、そういうことを、言葉というものを通じて、合理的に理解した。あれから二度と、授業中の雑談でも、そういうことは話していない。しかしやはり、私は公園のベンチに座るだけでリスクを伴ってしまうような、そういう存在「そのもの」になることはできない。そういうときの感情や経験を想像することはできるが、私はそういうリスクを背負った存在と、私そのものとを交換することはできない。

私は若い女性が、その日常の中でどれほどのリスクとともに暮らしているかを、頭では、理屈では理解していたつもりになっていたが、まったく不十分であったことを、連れあいから教わった。もちろんいまでも不十分なままだ。女性というものが、あるいは男女の枠にもはまらない少数者たちが、どのようなリスクとともにあるか。そういうことの意味は、いくら勉強してもしたりない。深刻な被差別や、災害や戦争の体験者の、その体験を私たちは知ることはできない、ということは、いうまでもなくわかっているつもりでいた。しかし、公園のベンチで本を読むということさえ、私たちが生きるこの社会では難しい人びとが、それも私のすぐ隣にいるのだ。私は、私の隣人であるそのような人びとと、立場を交換することができない。したがって「自分のこととして」理解することも、非常に難しい。私にとっては常にそれは、言語によって伝えられるものであり、合理的にしか理解できないものである。

私たちは、経済的な領域としての労働市場においては、無限に他者とその位置を交換することができる。しかし、例えば私には、女性であることのリスクや、民族的少数者であることの日常、あるいは身体や精神において多数者と異なる状態にある人びとの生活というものを、それらのそのままの形で、経験することができない。雇われた会社員やアルバイトとして私たちは、つねに流動し、果てしない移動を繰り返し、他人とその場所を交換しあっているが、そこで私たちは突然、透明な冷たい壁に、音もなくぶち当たることがある。

私たちはそこで、実体化した社会という壁に、頭をぶつけているのである。そして実は、言葉というものは、交換できないものたちの間でしかうまれない。言葉はそもそも、なりかわるものができないものたちが、それでも何かを伝え合うためのものだからだ。このようにして私たちは、毎日の生活のなかで、なんとか言葉を紡ぎだしていくのである。

語らなければならない。私たちは、沖縄について語る必要がある。私たちと沖縄とを隔《へだ》てる境界線の真上で、境界線とともに、その境界線について、語る必要があるのだ。

私たちは、たとえば沖縄戦や米軍統治、あるいはコザ暴動という沖縄の人びとの歴史的経験そのものを、自ら体験することはできない。沖縄に限らず、そもそも私たちは、私たちの個人的な経験を交換できないようになっている。私たちは社会のなかで生きているにもかかわらず、経験を交換できない。これはとても、本質的なことだ。私たちは言葉を交わして、社会のなかで他者と関わって生きているのだが、それぞれの経験や体験を交換することができない。できることはただ、言語という、まったく個人的でないような公共的な道具を使って、おたがいに合理的に「理解」しあうことだけなのだ。

たとえその言葉というものが、あらゆる政治性から自由ではありえないとしても、私たちにできることは、まだあるはずだ。

沖縄の独自性を、単なるラベリングやイメージに還元しないこと。それは実在するのだ。しかし同時に、そうした独自性を、亜熱帯や「民族的ＤＮＡ」に還元するような本質主義的な語り方を、一切やめること。そして、できるだけ世俗的に語ること。

「抵抗するウチナンチュ」のような、安易な、ロマンティックな語り方をやめること。しかし同時に、沖縄の人びとの暮らしや日常のなかに根ざしている、日本に対する違和感や抵抗や「拒否の感覚」を、丁寧にすくい上げること。

これまでの定型的な話法からはみ出すような、沖縄の人びとの多様な経験や、基地を受け入れさえするような複雑な意思を、そのままのかたちで描きだすこと。さらに、そうした多様性を、沖縄と日本との境界線や、日本がこれまで沖縄にしてきたことの責任を解除するような方向で語らないこと。

いまだ発明されていない、沖縄の新しい語り方が存在するはずだ。

謝辞

この「役に立たない」「めんどくさい」本の最後に、いつも沖縄でお世話になっている方々へ、感謝の気持ちをお伝えしたいと思います。とてもここでは書ききれないのですが、上間陽子さん、打越正行さん、上原健太郎さん、上原雅志さん、安藤由美さん、野入直美さん、花城郁子さん、大胡太郎さん、久万田晋さん、波平雄太さん＆きのちゃん、新垣梨沙さん、山城彰子さん、渡真利健人さん。ほんとうにありがとうございます。

そのほか、那覇地区老人クラブ連合会のみなさまをはじめ、沖縄の聞き取り調査でいつもお世話になっている、たくさんのたくさんの方がたにも、心からお礼を申し上げます。

編集の清水檀さんが熱心に声をかけてくれなかったら、この本は生まれませんでした。原稿の完成が遅れてご心配をおかけしました、すみませんでした。

そして、連れあいの齋藤直子にも、いつも変わらない感謝を。

本書を大田昌秀さんの思い出に捧げます。

本書は、以下の各テキストに大幅な加筆を施したうえ、書き下ろしを加え、再構成したものです。

（読みにくいと思われる漢字には、引用文を含め初出のみにルビを振っています）

- 「博士論文執筆を終えて――生活史調査と「旅」の物語」：『フォーラム人文学』二〇〇四年四月、大阪市立大学文学部・文学研究科教育促進支援機構
- 「妄想のふたつの顔」：『すばる』二〇一五年一月号、集英社
- 「交換できないもの」：『一冊の本』二〇一五年十一月号、朝日新聞社
- 「狼狽するナイチャー」：『en-taxi』二〇一五年冬号（十一月号）、扶桑社
- 「他人に親切であるために」：『高知新聞』『京都新聞』『神戸新聞』『琉球新報』ほか（「共同通信」配信記事）、二〇一六年一月六日～同一月中旬、共同通信社
- 「ここには人びとが暮らし、そこで生活している」（映画『戦場ぬ止み』評）：『二十一世紀を生きのびるためのドキュメンタリー映画カタログ』、二〇一六年三月、キネマ旬報社
- 「ブックマーク」（連載コラム）：『毎日新聞』二〇一六年四月四日、十一日、十八日、五月三十日、毎日新聞社
- 「おまえに何がわかるんや？」：『部落解放』、二〇一六年六月号、解放出版社
- 「ある商店街での、できごと」：『東京人』、二〇一六年六月号、都市出版
- 「彼方と過去――存在すべきではなかったものたちの存在」：岡本尚文写真集『A NIGHT IN AMERICA 沖縄02アメリカの夜』所収、二〇一六年九月、ライフ・ゴーズ・オン
- 「その村の人びとはみんな同じ日に生まれた」：『SOCIOLOGBOOK 岸政彦のブログ』二〇一七年三月一日　http://sociologbook.net/?p=1157
- 「ハーバービューの夜」：『新潮』二〇一七年八月号、新潮社
- 「暴言が呼び覚ました記憶」：『考える人』二〇一七年冬号（二月号）、新潮社
- 「沖縄を探して」：『琉球新報』二〇一七年七月一日～二〇一八年二月十七日の隔週土曜日（十一月十八日を除く）、琉球新報社

カバーおよび本文写真：著者撮影

岸 政彦（きし・まさひこ）1967年生まれ。社会学者。京都大学大学院文学研究科教授。研究テーマは沖縄、生活史、社会調査方法論。著書に、『同化と他者化――戦後沖縄の本土就職者たち』（ナカニシヤ出版、2013年）、『街の人生』（勁草書房、2014年）、『断片的なものの社会学』（朝日出版社、2015年、「紀伊國屋じんぶん大賞2016」受賞）、『ビニール傘』（新潮社、2017年）、『マンゴーと手榴弾』（勁草書房、2018年）、『図書室』（新潮社、2019年）、『100分de名著・ブルデュー「ディスタンクシオン」』（NHK出版、2020年）、『リリアン』（新潮社、2021年、第38回織田作之助賞受賞）、『にがにが日記』（新潮社、2023年）、『調査する人生』（岩波書店、2024年）。共著書に、『愛と欲望の雑談』（雨宮まみとの対談、ミシマ社、2016年）、『質的社会調査の方法――他者の合理性の理解社会学』（石岡丈昇・丸山里美との共著、有斐閣、2016年）、『社会学はどこから来てどこへ行くのか』（北田暁大・筒井淳也・稲葉振一郎との共著、有斐閣、2018年）、『地元を生きる――沖縄的共同性の社会学』（打越正行・上原健太郎・上間陽子との共著、ナカニシヤ出版、2020年）、『大阪』（柴崎友香との共著、河出書房新社、2021年）。編著書に、『所有とは何か――ヒト・社会・資本主義の根源』（梶谷懐との共編著、中公選書、2023年）、『東京の生活史』（筑摩書房、2021年、「紀伊國屋じんぶん大賞2022」、「毎日出版文化賞」受賞）、『沖縄の生活史』（みすず書房、2023年）、『大阪の生活史』（筑摩書房、2023年）など。

はじめての沖縄

2018年 5月 5日 初版第 1 刷発行
2024年 12月 25日 初版第 11 刷発行

著 者 岸 政彦
発行者 堀江利香
発行所 株式会社 新曜社
101-0051 東京都千代田区神田神保町3-9
Tel: 03-3264-4973 Fax: 03-3239-2958
e-mail: info@shin-yo-sha.co.jp
URL: http://www.shin-yo-sha.co.jp/

装画・挿画 100%ORANGE／及川賢治
ブックデザイン 祖父江 慎＋根本 匠（cozfish）
印刷・製本 中央精版印刷株式会社

よりみちパン!セ®
YP01

Printed in JAPAN ISBN 978-4-7885-1562-8 C0095

校正・校閲 十時由紀子